国家出版基金项目
NATIONAL PUBLICATION FOUNDATION

安徽省圖書館藏桐城派作家稿本鈔本叢刊

光聰諧 姚瑩卷

安徽省圖書館 編

北京师范大学出版集团
BEIJING NORMAL UNIVERSITY PUBLISHING GROUP
安徽大学出版社

圖書在版編目(CIP)數據

安徽省圖書館藏桐城派作家稿本鈔本叢刊. 光聰諧　姚瑩卷/安徽省圖書館編. —合肥:安徽大學出版社,2020.12

ISBN 978-7-5664-2182-1

Ⅰ. ①安… Ⅱ. ①安… Ⅲ. ①中國文學—古典文學—作品綜合集—清代 Ⅳ. ①I214.91

中國版本圖書館 CIP 數據核字(2020)第 267751 號

安徽省圖書館藏桐城派作家稿本鈔本叢刊·光聰諧　姚瑩卷

ANHUISHENG TUSHUGUAN CANG TONGCHENGPAI ZUOJIA GAOBEN CHAOBEN CONGKAN GUANGCONGXIE YAOYING JUAN

安徽省圖書館　編

出版發行:北京師範大學出版集團
安 徽 大 學 出 版 社
(安徽省合肥市肥西路 3 號 郵編 230039)
www.bnupg.com.cn
www.ahupress.com.cn
印　　刷:安徽新華印刷股份有限公司
經　　銷:全國新華書店
開　　本:184mm×260mm
印　　張:29.25
字　　數:96 千字
版　　次:2020 年 12 月第 1 版
印　　次:2020 年 12 月第 1 次印刷
定　　價:470.00 圓
ISBN 978-7-5664-2182-1

總 策 劃:陳 來　齊宏亮　李 君
執行策劃編輯:李加凱
責 任 編 輯:李加凱
責 任 校 對:龔婧瑶
裝幀設計:李 軍　孟獻輝
美術編輯:李 軍
責任印製:陳 如　孟獻輝

《安徽省圖書館藏桐城派作家稿本鈔本叢刊》

編纂委員會

序言

關愛和

桐城歷史悠久，人傑地靈。立功有張英、張廷玉父子，位極人臣；立言則有方苞、劉大櫆、姚鼐，號令文壇。桐城之名，遂大享於天下。

方苞於一六九一年入京師，以文謁理學名臣李光地，與人論行身祈向，有『學行繼程朱之後，文章介韓歐之間』之語；一七〇六年成進士；一七一一年因《南山集》案入獄，後以能古文而獲救，入值南書房，官至禮部侍郎；一七三三年編《古文約選》，爲選於成均的八旗弟子作爲學文範本；後兩年，又編《四書文選》，詔令頒布天下，以爲舉業準的。方苞論古文寫作，有『義法説』。義者言有物，法者言有序。其爲文之理，旁通於制藝之文，因此影響廣大。姚鼐於一七六三年成進士，一七七三年入《四庫全書》館，兩年後因館中大老，皆以考博爲事，憤而離開，在南京等地教授古文四十餘年，其弟子劉開稱姚鼐『存一綫於紛紜之中』。姚鼐到揚州梅花書院的第二年，作《劉海峰先生八十壽序》，編織了劉大櫆學之於方苞，姚鼐學之於劉大櫆的古文師承關係，引友人『天下文章，其出於桐城』的贊語，使得『桐城派』呼之欲出。一七七九年，姚鼐編《古文辭類纂》，以『神理氣味格律聲色』論文。編選古文選本，唐宋八家後，明僅録歸有光，清録方苞、劉大櫆，爲桐城派張目。姚鼐之後，遂有桐城派之名。

桐城派自姚鼐後規模漸成，名聲噪起。桐城派作爲一個散文流派，綿延二百餘年。其自身的發展大致經歷了初創、承守、中興、復歸四個時期。康、雍、乾年間，是桐城派的初創期。桐城派三祖——方苞以義法説，劉大櫆以神氣説，姚鼐以陽剛陰柔、神理氣味格律聲色説，奠定了桐城派散文理論的基礎；方、劉、姚又以其言簡有序、清淡樸素的散文創作名噪文壇，贏得『天下文章，其在桐城乎』的贊譽。嘉、道年間，是桐城派的承守期。姚鼐晚年，講學於江南各地，門生弟子廣布海内，桐城之學，掩映一時文壇。其中著名者如梅曾亮、管同、劉開、方東樹、姚瑩等人，承繼師説，標榜聲氣，守望門户，各擅其勝。咸、同年間，是桐城派的中興期。曾國藩私淑姚鼐，雅好古文，於戎馬倥偬之中，尋求經濟、義理、考據、辭章的重新組合，試圖以博深雄奇、氣象光明之方藥救桐城派文規模狹小、文氣拘謹之病，并以『早具行遠之堅車』屬望於門生弟子，別創湘鄉派。光、宣年間，是桐城派的復歸期。曾氏四弟子中，惟吴汝綸爲桐城人。吴氏於甲午之後，重提方、姚傳統，抑閎肆而張醇厚，黜雄奇而求雅潔，倡導恢復以氣清、體潔、語雅爲特色的桐城派文，并得到了馬其昶、姚永樸、姚永概等桐城籍作家的積極響應，桐城之學，再顯一時之盛。

安徽省圖書館一九一三年始建於安慶，與桐城派在同一地發祥并成長。安徽省圖書館在一百多年的發展歷史中，以珍貴古籍文獻收藏豐富，特别是本省古籍文獻收藏豐富而爲學術界所矚目。此次安徽省圖書館將館藏桐城派作家稿本、鈔本，以叢刊方式，編輯出版，一定會大有惠澤於學林。我們期望海内外桐城派研究者能早日共享出版成果。

前言

隨著對優秀傳統文化價值的重新認識，近年來，對在我國有極大影響的桐城派的研究也不斷升温。桐城派作家文集的整理出版，爲研究者提供了方便，推動著相關研究的展開。如由嚴雲綬、施立業、江小角主編，被列入國家清史纂修工程的《桐城派名家文集》，收入姚範等十七位作家的詩文集和戴名世等十一位作家的文章選集，總計十五册，一千多萬字。此書的出版有助於改變以往桐城派研究資料零散不足的狀況，也爲學術界開展清代文學史、文化史、思想史、教育史、政治史、社會史等研究工作提供了寶貴資料。

在充分肯定新世紀以來桐城派作家文集整理出版與研究取得豐碩成果的同時，我們不難發現，當前桐城派作家文集整理與研究的工作，與學界的要求和期盼還不相適應，仍然有拓展與提升的空間。桐城派是一個擁有一千多人的精英創作集團，即使如方苞、劉大櫆、姚鼐這樣的大家，仍有不少基礎文獻資料尚待發掘，一些有影響、有建樹的作家，更是鮮爲人知。可以説，基礎文獻整理出版工作的滯後，會影響和制約桐城派研究的進一步發展。

爲了滿足學界對於桐城派資料建設的需要，在人力、物力有限，又想最大限度地保留原書的真實面貌的情況下，我們推出了《安徽省圖書館藏桐城派作家稿本鈔本叢刊》（以下簡稱《叢刊》）。

安徽省圖書館一直十分重視桐城派作家稿本、鈔本的收集，積累了大量的原始文獻。《叢刊》所收集的對象，有方苞、劉大櫆、姚範、姚鼐、光聰諧、姚瑩、戴鈞衡、方守彝、方宗誠、吴汝綸、姚濬昌、馬其昶、姚永楷、姚永樸、姚永概等。桐城派的重要作家幾乎都包括在内。《叢刊》并非泛濫收録，良莠不辨，而是頗爲看重文獻本身的價值，可以説『價值』和『稀見』是本《叢刊》收録文獻的兩大原則。

安徽省圖書館此次將珍貴的稿本、鈔本資料公之於衆，順應了習近平總書記讓『書寫在古籍裡的文字都活起來』的號召，滿足了讀者的閲讀需求。《叢刊》的出版，既有利於古籍的保護，也有利於古籍的傳播，希望對推動桐城派研究有所裨益。

編　者

二〇二〇年三月

凡例

一、《叢刊》采取『以人系書』的原則，每位桐城派作家的作品一般單獨成卷，因入選作品數量太少不足成卷者，則以數人合并成卷。共收稿本、鈔本三十六種，分爲九卷二十五册。

二、《叢刊》遵循稀見原則，一般僅收録此前未經整理出版的稿本和鈔本。

三、《叢刊》大體按照作家生年先後爲序，卷内各書則依成稿時間爲序，或因作品性質而略有調整。

四、各卷卷首有作家簡介，每種作品前有該書簡介。

五、《叢刊》均照底本影印，遇有圖像殘缺、模糊、扭曲等情形亦不作任何修飾。

六、底本中空白葉不拍；超版心葉先縮印，再截半後放大分别影印放置；某些底本内夾有飛簽，則先拍攝夾葉原貌，然後將飛簽掀起拍攝被遮蓋處。

目録

光聰諧

管窺録

光粟園先生詩稿

稼墨軒詩集

光聰諧

簡介

光聰諧（一七八一——一八五九），字律原，號栗園，晚號遂園，安徽桐城人。嘉慶十四年（一八〇九）恩科進士，選庶吉士，散館授刑部主事，歷任湖北荆宜施道、福建按察使、直隸按察使、甘肅布政使、直隸布政使，從直隸致仕歸鄉。著有《稼墨軒集》詩文十二卷、《有不爲齋隨筆》十卷、《管窺録》二卷、《易圖説》一卷等。

管窺録

二卷

管窺録

《管窺録》二卷，清鈔本。二册，毛裝。半葉十行，行二十一字，無框格。開本高二十四厘米，寬十七點四厘米。行間有緑筆校訂，書尾有姚永概朱筆案語。

此書爲光聰諧學術筆記，上卷經史類四十一則，下卷子集類二十二則。其中《河鼓謂之牽牛》《太宰屬魯》《匈奴傳》《任昉述異記》《傳家集逸文》等篇考訂甚詳。又有《白醉》《漁父絶句》《采石太白樓詩》《槐根》《姚花龕》《張鉉耳》諸篇，所涉皆當時桐城文士詩作，聞見與考訂兼有。

此書未見於其他著録。

管窺録上

河鼓謂之牽牛

爾雅曰河鼓謂之牽牛郭註謂今荊楚人呼牽牛星為擔鼓擔者荷也邢疏引李巡孫炎及漢天文志皆以牽牛河鼓為二星送(逐)謂郭順經為説以時驗而言詣按二十八宿之牛漢以後皆稱為牽牛其實在古時牛與牽牛應是二星牽牛河鼓非二星也詩曰睆彼牽牛傳訓睆為明星貌惟河鼓三星最明若牛六星豈足以當睆哉月令昏牽牛中亦是指河鼓如昏弧中旦建星中之類不曰井斗而曰弧建者以井斗之體太廣也不曰牛

而曰牽牛者以牛之體太暗也觜觽體亦暗而不别指者以近體之星皆暗也牽牛織女昔人並稱皆不在二十八宿之中古詩云黄姑織女如相見黄姑即河鼓也河鼓即牽牛也皆謂牛上直建之三星非謂牛六星也牛六星二為角一為腹三為足其上河鼓三星直建有若綴然故曰牽牛此古人命名之義

義例不盡善

左氏傳第文字佳耳其去取義恐未盡善即如内政寄軍令是管子相齊實際如何畧得使管子國語諸書不存焉覩其所以為天下才耶然則狐趙諸人之相晉孫

叔敖之相楚其措施必不止於左氏所載史記亦是文字佳至於義例有反不若後人者

魯七百里

明堂位魯七百里自是誇言不足據亦不必辨註疏家必欲牽合而為四十九箇方百里之說不幾為古人愚乎自公子張謂桓文入國時齊晉四封不備一同亦欲盛稱桓文啓土之功故先極言其小其實桓文之入齊晉豈止百里哉皆快一時之談耳魯仲連遺燕將書謂曹沫為魯三戰三北喪地千里夫自魯有國以來地未有至於千里者也沫雖三北安能喪地千里使拘拘焉

而來其合拘拘焉而辨其誤仲連有知吾知其竊笑九原矣

大孝尊親其次弗辱其下能養

記言大孝尊親其次弗辱其下能養疏以尊親屬天子弗辱屬士大夫能養屬庶人愚謂此不當以貴賤分夫尊親非獨嚴父配天也親賢必繼志如武周親不賢必幹蠱如舜禹而後可謂尊親若但以嚴父配天為尊親則後世帝王皆大孝矣孔子曰能敬其身則能成其親矣成親者成其親之名也成其親之名者尊其親者也是豈必天子而後能然哉弗辱能養亦統天子庶人言

之非以貴賤分也或曰天子不患於有辱故以尊親為孝卿大夫士不患於養故以弗辱為孝庶人食力維艱能養亦足為孝矣愚謂不然六馬失馭九廟震驚天子豈必無辱立朝如脂取民猶禦卿大夫豈得能養況曾子以養自居則知以孝之末至自謙非以位之卑自謝也

出怴

桓五年穀梁傳曰陳侯以甲戌之日出此出字與我其發出狂之出同當讀尺類反凡物自出則入聲非自出而出之則去聲疾狂而出則非自出而出之矣陳侯之

卒公穀説同穀梁之出即公羊之所謂惐也皆言其狂也
註疏以出為入聲故解作潛行避病而謂三傳説異

曲禮註

拾級聚足康成註云聚足謂前足攝一等後足從之併
併字本確陳澔集説易為合義便不明
上於東階則先右足上於西階則先左足集説以為各
順入門之左右此固然然康成以為近於相鄉敬義更
精

門外缶

禮器門外缶門内壺尊五甒此以小為貴也鄭註壺大

一石瓦甁五斗缶大小未聞孔疏因以小為貴推之缶在門外意其大於壺亦未能實指其大小若干謹按孔鮒小爾雅云釜二有半謂之藪藪二有半謂之缶缶蓋大四斛

湻制

周禮内宰云度量湻制質人云壹其湻制湻與准同又作綧管子君臣上篇云丈尺一綧制房註綧古准字又通純淮南墬形訓云里間九純純丈五尺高注純量名

虎帥以聽

襄十三年子皮曰虎帥以聽誰敢犯子謹按此虎字不

必解作子皮名即張武所謂且當以枉後患、惠文彈治之耳蓋刑亂國宜用重典此子皮子產識見相合處他日告子太叔以猛亦猶虎帥之意

駢脅當作骿脅

僖十二年左傳曰曹共公聞其駢脅諧按駢脅宜從晉語作骿脅吳都賦亦作骿脅說文云骿並脅也晉文公駢脅徐云謂肋骨連合為一也說文又云駢駕二馬也凡物有二然後曰駢莊子所謂駢拇枝指張協七命所謂駢武齊轍是也肋助合為一焉得曰駢史記商君傳云多力而駢脅者為驂乘宋書符瑞志云高辛生而駢齒

皆當作駢䴵又集韻云跰與胼同通作䴵又按史記天官書云歲陰在巳星居戌以四月與奎婁胃昴晨出曰跰踵是駢與䴵通也史記正義引春秋元命苞云武王胼齒是胼與䴵通也

太宰屬魯

論語太宰孔氏曰太宰官名或吳或宋未可知也鄭康成以為是吳太宰嚭盖哀七年吳太宰嚭召季康子康子使子貢辭十二年夏吳子使太宰嚭且尋盟公使子貢對秋子服景伯謂子貢子盖見太宰又史記子貢嘗南適吳故鄭以太宰屬吳然以太宰屬宋亦有證列子

仲尼篇商太宰以多能為聖問孔子商即宋也與論語同但不言子貢耳閻百詩以為檀弓吳夫差侵陳陳太宰嚭使於師孔子先後兩居陳識防風氏之骨辨肅慎氏之砮與測桓僖之廟災當世所謂多聞而震驚者皆在陳事故陳太宰以為問屬吳似不若屬陳集註不當遺或陳二字愚謂檀弓太宰嚭當屬吳行人儀當屬陳本文亙殊無疑況使於師者當命行人陳之太宰他言未嘗見且識防風氏之骨乃孔子居魯時事非居陳時事也蓋論語太宰非吳非宋直可斷之曰魯何以知其然也論語書法最精於司敗書陳於太宰不書吳宋其

為魯太宰可知况孔子居魯識季桓子井中之怪魯人已異之矣而吳使以專車之骨來問齊使以一足之鳥來問楚使以江中圓赤物來問皆各辨其名詳其事以去魯人震而驚之為何如也太宰安得不問先儒或主屬吳或兼屬吳宋而未敢决其辭皆未以魯論書法求之耳或曰魯之太宰可證乎曰有隱十一年左傳云羽父請殺桓公將以求太宰

子貢問士章

子貢方人心鄙當時從政者而欲求其居於何等私計方之賢聖不倫矣降而方之士或不太相徑庭乎反聞

夫子論士必行己有耻使不辱命如是其難故問其次而稱孝稱弟亦非當時從政者所能故又問其次迨聞必信必果之為小人而當時從政者尚不能然遂不覺直舉其人以為問矣竊意子貢問士之心如此與子路問士不同先儒謂子貢務為皎皎之行又謂此章子貢大段平實又謂子路（貢）每問愈下故夫子噫斗筲以警之皆恐未合論語諸弟子之問惟子貢最近風人之旨往往言在此而意在彼如因衛君之事而問夷齊是此章問士亦若是而已矣

佛肸章

有聖人之事有賢人之事堯舜禪讓湯武征誅以賢人為之皆未有不敢敗者也親於其身為不善者君子不入此賢人事也磨而不磷湼而不緇此聖人事也子路賢者守夫子前訓可也而乃仕衛死孔悝之難得無聞不磷不緇之言而未知己也之未至於聖遂行而致禍歟

乘輿

孟子於魯平公之車曰乘輿於子産之車亦曰乘輿是秦以前乘輿通稱秦以後始専屬君故蔡邕獨斷云天子所御車馬衣服器械百物曰乘輿猶秦以前君臣皆

稱朕至秦天子始專之朱註於平公乘輿解曰君車不過就此章言言（非）謂他處乘輿皆屬君他人不得同稱也故於子產乘輿之乘亦音去聲閻百詩曰（云）既音乘去聲又解乘輿為所乘之車音義都相反愚謂所乘之車猶云所乘之乘輿耳以一車字代乘輿非乘之車四字代乘輿也音義都不相反百詩亦誤會

莊暴諸章

孟子初見諸侯皆先闢其說而後從（仲）己之說其後閱磨（歷）日深世情日熟覺向之如冰投石而不能如石投水者雖世主之過亦立說之未盡善也於是易法語為巽語

變直諫為譎諫好樂好勇好貨好色皆先如其說而後引之以當道易曰納約自牖此之謂也蓋至此而孟子之心益苦矣

史記田單傳

傳云令其宗人盡斷其軸末而傳鐵籠已而燕軍攻安平城壞齊人走爭塗以轊折車敗為燕所虜惟田單宗人以鐵籠故得脫按軸長出轂外者名轊轊端設轄以制轂急救篇注所謂堅貫軸頭制轂之鐵是也但轄雖用鐵而轊則木也轄雖居轊端而與物摩擊者則猶是轊也單逆知城破必爭塗故斷其軸末令短並不設

轄而傳鐵以籠之則内固有以制轂而外更可以當擊矣戴東原作考工記圖引此謂甚其以鐵為轄故可短非也東原以方言車轄齊謂之⿰車龍故疑籠與⿰車龍通傳鐵籠者傳鐵轄耳不知齊人之所稱舉其常由畢之所為制其變傳鐵籠者傳鐵以包舉之也

荀卿傳

傳云齊人頌曰談天衍雕龍奭炙轂過髡解之者皆以過為車之盛膏器愚謂不然方言車釭齊燕海岱之間謂之鍋或謂之錕自關而西謂之釭盛膏者乃謂之鍋鍋即過也謂盛膏之器過關以西然耳若齊人之所謂

過即指缸也缸在轂中轢卽行車者以膏塗之所以利轉詩所謂載脂是也轂過常塗以膏灸之必有餘流故以喻髡之辯有餘味也又按盛膏之器諸書不同或作楇或作輠或作輠或作過此所謂過特以其出自齊人故知其指缸若在他處固猶是盛膏器也

漢書陳遵傳

傳云性善書與人尺牘主皆藏去以為榮諸按此善書言其善行文非言其善用筆也故上云畧涉傳記贍於文辭下云召善書吏十人於前治私書謝京師故人遵馮几口占書吏且省官事書數百封親疏各有意也所謂

善書吏亦不過善其能疾書非善其能工筆畫也義之
大慶祖暑諸帖則以字之工見寶於人
又云妻君甯時在旁知狀師古以君甯為妻名非也甯
其名耳君則寵稱之也與後寡婦左阿君之君同

尹賞傳

傳云瘞寺門桓東諧按說文桓郵亭表也徐曰表雙立
為桓漢法亭表四角建大貫以方版名曰桓表縣所治
兩邊各一

朱家傳

傳云終不伐其能飲其德史記作歆其德歆饗也言不

饗其德之報也歆其德亦猶此意師古訓歆為没謂不稱顯則歆其德三字自為句矣又按後漢蔡邕傳有歆章章懷注云歆猶隱是歆字原有没意但於此處未協耳

郭解傳

傳云東道佗羽公子師古曰姓佗名羽字公子謂按史記作東道趙佗羽公子索隱曰姓趙名他羽字公子則漢書删一趙字佗非姓也

王尊傳

傳云翦張禁酒萬趙於放萬萬章傳作翦張回酒市趙君

都蓋剪即箭禁其名回其字放其名君都其字服虔以
回為名殆未合考王尊傳

孫寶傳

傳云上度立而用其弟曲陽侯如湻曰度過也過立而
用根 諧按此超過之過也非過失之過觀下文度稱季
而譴他事可見

陳湯傳

傳云烏孫瓦合不能久攻師古曰瓦合謂碎瓦之雜居
不齊同 諧按瓦合之義猶烏合言不能久也陶瓦之事
其初雖圓旋即剖之為四故謂不能久合者為瓦合非

必碎瓦也儒行毀方而瓦合亦然言不毀方則物禁太甚毀方而不止瓦合則又為曲學阿世矣

京房傳

傳云臣恐後之視今猶今之視前也諸按右軍蘭亭序用此語

匡衡傳

傳云因賜上尊酒養牛師古曰上尊解在薛廣德傳此誤｜按薛廣德傳無上尊師古之解乃在平當傳

董賢傳

傳云上有酒所師古曰言酒在體中諧謂此所字當訓

許言上有酒若干許矣顔説未能明曉

谷永傳

傳云昔褒似用國宗周以喪閻妻驕扇日以不臧師古曰閻豔妻之族也魯詩小雅十月之篇曰閻妻扇方處言厲王無道内寵熾盛（諧）按閻有爓音亦有好而長之之訓則閻即豔魯詩與毛詩異字不異義閻非族也毛傳豔妻謂褒似鄭箋以為厲王后此以褒似豔妻對言則成康之説由來久矣師古引魯詩閻妻因以厲王無道内寵熾盛解之則康成取魯詩之義亦未可知孔疏但引緯候之書以為康成所本

贊云可謂詠不足而談有餘者此用楊子法言論袁盎語

黄覇傳

傳云别駕主簿車緹油屏泥於軾前諧按此即後漢輿服志所謂小使車也輿服志云小使車不立乘有騑赤屏泥緹亦赤也後漢劉盆子傳云乘軒車大馬赤屏泥章懷即用此傳緹油屏泥於軾前為解晉書輿服志小使車亦言赤屏泥又按薛綜東京賦注引蔡邕獨斷云飛軨以緹油廣八寸長拄地畫左青龍右白虎繫軸頭取兩邊飾晉輿服志亦云以赤油廣八寸長三尺注地

繫兩軸頭謂之飛軨隋禮儀志亦云以絲畫赤油長三尺廣八寸繫兩軸頭古曰飛軨然則在軸則謂之飛軨在軾前則謂之赤屛泥耳其制當不甚相遠

原涉傳

傳云居谷口半歲所所猶許也張良傳謂里許為里所疏廣傳謂幾許為幾所禮檀弓注亦謂高四尺許為高四尺所

匈奴傳

傳云日逐王先賢撣其父左賢王當為單于讓狐鹿姑單于狐鹿姑單于許立之國人以故頗言日逐王當為

單于諳按弧（狐）鹿姑單于先賢撣父之兄也本當為單于且鞮侯病且死又言立之徒以未至故貴人更立先賢撣父先賢撣父非當為單于者也特嘗為單于耳左賢王當為單于之當疑本作嘗以傳寫致誤且先賢撣父以左大將為單于此言左賢王者因其後為左賢王而追言之也夫狐鹿姑之許立先賢撣父止言其及身未言其子也先賢撣父不幸病死以先賢撣為日逐王未遽為薄況狐鹿姑死時謂諸貴人曰我子少不能治國立弟右谷蠡王夫能舍子而立弟詎不能舍子而立姪乎先賢撣之不得立必其才亦不能治國可知匈奴之

人習於冒頓鳴鏑之風而震於先賢撣父之讓故頗言日逐王當為單于而不知先賢撣父之讓為其長也非市恩也義也狐鹿姑之許為其賢也非報私也亦義也兩人皆行義而不見諒於國人而後世子孫之釁遂起於日逐王當為單于之一言嗚呼此二人者其亦不幸而不生於中國也哉

贊曰單于咸棄其愛子昧利不顧侵掠所獲歲鉅萬計而和親賂遺不過千金安在其不棄質而失重利也 諧

按單于咸以建國五年立莽殺其子在四年猶未可為棄質

西南夷傳

傳載陳立為牂柯太守平定西夷功績頗詳又言巴郡有盜賊復以為巴郡太守又徙為天水太守勸農桑為天下最當出之入循吏傳

南粵傳

傳云上褚五十衣中褚三十衣下褚二十衣諸按以緜裝衣曰褚盖南粵地無嚴寒但遺褚而不遺裘

又云嘉遂出介弟兵就舍諸按此與上文介使者權之介皆當訓因師古訓介使者權之介為恃恃猶因也訓介弟兵之介為甲則非是意以介屬上嘉遂出讀弟兵

二字自為句耳

閩粤傳

傳云作不戰而殞史記作不戰而耘徐廣曰耘義取耘除或言耘音于粉反此楚人聲重耳耘殞當同音字有假借聲有輕重耳　諧按耘除義善説文耘本作頛則與殞字形相似漢書或本作頛傳寫致為殞字

西域傳

傳云都護治烏壘城去陽關二千七百三十八里於西域為中　諧按上言東西六千餘里故去陽關二千七百三十八里為西域之中

示作視

古者以我觀物及以物觀人皆曰視字同而義異故以物觀人之視為示當在東漢末故康成注曲禮幼子常視無誑云視今之示字班固漢書示尚作視則經傳中如示天下弗服伐原以示之信之類皆傳寫致誤原本當作視

後漢輿服志

志云金鑁方釳插翟尾劉昭注未詳翟尾為何雉譜按說文鷮走鳴長尾雉也乘輿以為防署馬頭上則所謂翟者鷮也

又云以步搖以黃金為山題貫白珠為桂枝相繆一爵九熊虎赤羆天鹿辟邪南山豐大特文獸詩所謂副笄六珈者諧按南山豐大特蓋因秦本紀南山大梓豐大特而有是名其曰大特者牛也豐大特者以是牛走入豐水也曰南山豐大特者以是牛出於南山大梓也康成箋副笄六珈以為即今如今步搖上飾孔疏但順其說失引此文為証

又云建華冠以鐵為柱卷貫大約銅珠九枚制以縷鹿記曰知天者冠術知地者履絇春秋左傳曰鄭子臧好鷸冠前圖一本作圖非是以為此則是也天地五郊明堂育命舞

樂人服之
又云術氏冠前圖圓吳制差池邐迤四重趙武靈王好服
之今不施用官有其圖注蔡邕獨斷同但育命作月令
而無官有其圖注五字諧按顏師古匡謬正俗云鷸水
鳥天將雨即鳴古人以其知天時乃為冠象此鳥之形
使掌天文者冠之故逸禮記曰知天文者冠鷸此其證
也鷸字音聿亦有術音故禮之衣服圖及蔡邕獨斷謂
為術氏冠亦因鷸音轉為術耳非道術之謂師古之說
如此是以鷸冠即術氏冠非以鷸冠為建華冠而別有
所謂術氏冠也與輿服志及今所傳獨斷皆異何歟蓋

有故矣詳文義輿服志所引記曰至是也三十一字與上下文不協當在術氏冠官有其圖注下則所謂冠述所謂前圖文勢皆得相承是輿服志有錯簡非師古之説有異同也至今所傳獨斷非蔡邕原本乃後人采集諸書而附益者故他處所引獨斷往往不同即如是建華冠薛綜東京賦注引獨斷曰太樂郊祀舞者冠建華冠劉昭輿服志注引獨斷曰其狀若婦人縷鹿與今獨斷皆有不同可見今獨斷中建華冠術氏冠即采輿服志而沿其錯簡耳師古所引乃真獨斷也又按術與述古通用士喪禮云筮人許諾不述命鄭注古文述皆作術祭

義云結諸心形諸色而術省之鄭注術當作述韓勅碑
云共術韓君德政樊毅碑云臣子裦術張表碑云方伯
術職靈臺碑陰云州里稱術皆以術為述輿服志引記
曰知天者冠述是承上文術氏冠言故改鷸為述其實逸
禮記本文非述故說文引之仍作知天文者冠鷸也又
按漢書賈山傳云術追厥功師古曰術亦作述是師古
亦以術與述通用匡謬正俗偶未言耳

博物志訂誤

異獸篇云文馬赤鬣身白似若黃金吉黃之乘復薊之
露犬也能飛食虎豹異禽篇云崇邱山有鳥一足一

翼一目相得而飛名曰蛮見則吉良乘之壽千歲諧按
此兩條有脫字有衍文有錯簡今據山海經逸周書更
定之三條於左
文馬赤鬣身白眼若黄金名吉黄之乘一曰吉良乘
之壽千歲
鼩犬者露犬也能飛食虎豹
崇邱山有鳥一足一翼一目相得而飛名曰蠻〻見則
天下大水

黨錮傳

傳云汝南太守范孟博南陽宗資主畫諾注引謝承書

曰宗資字叔都南陽安衆人也家代為漢將相名臣祖父均自有傳謹按東漢將相無宗姓范書宋均傳云南陽安衆人父伯建武初為五官中郎將均與族子意皆為司隸校尉意孫俱靈帝時為司空疑宗資之宗當作宋或因後有安衆人宗慈遂傳寫致誤

戰國時縣即屬郡

說文云周制天子地方千里分為百縣〻有四郡故春秋傳曰上大夫受郡是也至秦初置三十六郡以監其縣謹按秦本紀惠文十年魏納上郡十五縣則縣屬於郡戰國已然

説文㰻字

徐鍇校説文以㰻字附欠部後注云歌也從欠俞聲切采
韻云巴㰻歌也鍇按史記渝水之人善歌舞漢高祖來
其聲後人因加此字羊朱切鍇按如徐説則㰻字因渝
而生漢前並未有矣何楚辭招魂言吳㰻蔡謳乎蓋
㰻為歌凡國有善歌者皆得稱為某歌㰻非因高
祖采渝人之歌始加此字

管窺録下

呂覽

去私引黄帝言曰聲禁重色禁重衣禁重香禁重味禁重室禁重高注聲禁重云不欲虛名過其實也黄氏日鈔以為禁聲色太過耳注非盍合六禁權衡之知高注之非倫臧琳經義雜記力主高説而以黄説為見淺此偏抑宋人之過六禁即孟子口之于味目之于色耳之于聲鼻之于臭四肢之于安佚也聲聞過情之事上古蓋鮮焉

侈樂云齊之衰也作為大呂高注大呂陰律十二月也

此說不明晰蓋如周語景王之鑄無射皆鍾也以其音
中無射音中大呂遂以為之名非尋常六律六呂之筩
也

古樂云禹鑿龍門降通滲水以導河諧按說文滲清深也
豈禹時即有以清刷黃之事耶王氏廣雅疏證未引此

滲水

愛士篇陽城胥渠處注處猶病也以處為病未知所本
諧按廣雅劇病也此文或當作劇形近傳寫誤處不然
下文處猶居屬下無幾讀

六幹五枚

幹枝合六十而盡一周凡為幹者六凡為枝者五枝得
耦數以陽宅陰枝得奇數以陰宅陽自然之極致也幹
之六人恒言之尤恒言者甲丁壬也枝之五人則罕言
惟漢律歷志言辰有五子藝文志易家有古五子十八
篇注云自甲子至壬子說易陰陽

律歷志曰有六甲辰有五子孟康曰六甲之中惟甲寅
無子故有五子此語大不可解愚謂以日合辰盡六十而
畢每日得六數舉首以該故曰有六甲以辰合日盡六
十而畢每辰得五數舉首以該故曰有五子凡義極分
曉不知孟說何以云云

適莫章朱注

引謝氏曰適可也莫不可也無可無不可苟無道以主之不幾於猖狂自恣乎此佛老之學所以自謂心無所住而能應變而卒得罪於聖人也諧按心無所住而能應變此佛氏之說與老無涉

江陰葛延之

宋史卓行傳有巢元脩訪二蘇於嶺諤海所一事容齋四筆又載有江陰葛延之元符間自鄉縣不遠萬里省蘇公於儋耳惜未附巢傳

嚴畯陸遜

困學紀聞嚴畯之遜呂蒙有鄭子皮之風陸遜之薦淳于式有晉奚祁之風諳按畯傳但詳其讓未言遜蒙蒙傳又有薦蔡遺一事與遜無異

姚虞孫

齊東野語載姚虞孫出新意用藝祖受命之年即位之日元用庚辰日起己卯號紀元歷於是立朔既差定朧亦殊日食亦皆不驗未幾遂更焉諳按近時阮芸臺相國輯疇人傳有姚舜輔未著其字虞孫蓋其字也傳止据宋元史志玉海為之漏採齊東野語

衛朴

筆談載淮南人衛朴精於歷術一行之流也春秋日蝕三十六諸歷通驗密者不過行二十六七唯一行得二十九朴乃得三十五唯莊公十八年一蝕今古算皆不入蝕法疑前史誤耳自夏仲康五年癸巳歲至熙甯六年癸丑凡三千二百一年書傳所載日蝕凡四百七十五家歷考驗雖各有得失而朴所得為多朴能不用算推古今日月蝕但口誦乘除不差一算凡大歷悉是算數令人就耳一讀即能暗誦傍通歷則縱橫誦之嘗令人寫歷書寫訖令附耳讀之有差一算者讀至其處則曰此誤某字其精如此大乘除皆不下照位運籌如飛人

眼不能遂人有故移其一算者朴自上至下手循一遍至移算處則撥正而去熙甯中選奉元歷以無候簿未能盡其術自言得六七而已然已密於他歷存中所敘如此諸按疇人傳中於衛朴僅寥寥數行亦未採用筆談

任昉述異記

商氏稗海有梁任昉述異記二卷四庫提要謂此書梁志始著録卷數相符隋志先有祖冲之述異記十卷别自一書晁公武謂即此書隋志誤題祖冲之者非也此書文頗冗雜下卷地生毛一條云北齊武成河清年中

距昉之卒久矣安得而記之其為後人剽剟諸小說依託
為之無疑提要之說如此今謹按唐天寶時澤州刺史
蘇師道司空山記引梁任昉述異記云司空姓張名岳
字巳玉清河郡人也齊明帝時人仕至司空及東昏侯嗣
位政尚煩苛內不修禮制外不聽臣諫縱恣穢行害虐
生民常令宮人作散叛髻百姓爭學之又作三橋裙向
後總而結之司空乃興歎曰正直不任而耽女色齊國
忘矣遂具奏闕下挂冠東門請休詔不許乃曰君不任
臣今老矣人生所貴者在乎適意耳詔乃許傾朝餞送司
空於是攜家去闕思樂林泉聞有勝境雖遠千里未嘗

不一訪尋蓋欲希長生以避世也自此偏歷名山俱無
可樂處忽一日有叟至而告曰瀟湘之南有壽山山有
朱陵洞可以樂隠何不適此司空欣從其説遂領家入
山操舟沿流上而造焉仰瞻巒嶂俯視流泉浮屠舍宇
環叠左右乃歎曰奉教元皇身心清浄僻居一涯杜絶
澆競安能與世營營乎據聞洞南有麒麟山者漢代蘇
隠真人隠此得道真人白日駕麟車而冲天以是得名
于是傾家南來登山四顧雲岫迴合松蘿蓊欝泉源清
泠乃遇神人曰上帝使吾語女止此修真功行已滿十
五日午時當沐浴俟命司空俯伏神人舞蹈為謝乃乘

雲而去十四日詰旦司空呼家僮侍妾語之曰吾晨當受上帝命令仙壇在焉誰可止此為主者內有侍女盧瓊言願止此司空曰汝形貌貞烈可作仙壇主者遂取衣一襲以遺之令徙居山前仍以手撫其背曰好住好住司空來晨于是登壇自晨至午天花交下綵露盤空忽有紫雲直下壇所一金童身穿青衣頭綰髽髻捧玉冊一道仙衣一通司空俯伏謝恩受衣冊條聞鈞天鏗爾鸞鶴翔鳴司空乃攝足登雲全家八十餘口白日冲天以上所引共五百三十四字語勢不可斷自甸是原文與今所傳為提要斥駁者不類蓋任之本書其詞亦不

免鄙冗矣

神放

神明逸祇惜晩節不終耳其初居豹谷尚非絶盗虚敵聲
登朝亦未始無稗益湘山野録載其十議曰議道議徳
議仁議義議兵議刑議政議賦議安議危東都事畧稱十
三篇宋史詳其目曰議道議徳議刑議器議文武議制
度議教化議賞罰議官司議軍政議獄訟議征賦議邪
正而猶以諫止幸長安一事為大有稗益湘山野録東
都事畧均載之宋史及薛氏通鑑顧不載何也野録言
此諫最為大臣深忌亦情事之必然矧又直斥近臣文

頌聲以邀已名耶元臣修史明臣續鑑豈狃於忌者之多口歟亦可謂没人之善矣

少游兄弟私情

山谷贈少儀詩云汝南許文休馬磨自衣食但聞郡功曹滿世名籍籍渠命有顯晦非人所通塞秦氏兄弟豈亦有私情不協時耶不然何引用及此

孔釋抱送

牧齋桂殤詩云早知奄忽石麟祖抱送何須孔釋俱諧按此用杜詩徐卿二子歌孔子釋氏親抱送並是天上麒麟兒彼是二子故孔釋並舉移用一子似未協

傳家集逸文

宋藝文志儒家類有司馬光文中子傳一卷傳家集舊未載呂東萊宋文鑑載之邵氏聞見後録亦載之傳與評共二千一百六十九字桂林陳相國重刊傳家集補行收入按當日温公曾以示邵康節康節賛之曰小人無是當世已棄君子所非萬世猶譏録其所是棄其所非君子所歸因其所非棄其所是君子幾希惜哉仲淹壽不永乎非不廢是瑕不掩瑜雖未至於聖其聖人之徒歟並載聞見後録中能改齋漫録亦載此賛後録又云舊從司馬氏得文正公熙寧年辭樞筦出師長安日

手稿密疏不見於傳家集其疏曰臣之不才最出羣臣
之下先見不如呂誨公直不如范純仁程顥敢言不如
蘇軾孔文仲勇決不如范鎮誨於安石始參政事之時
即指安石為姦邪謂其必敗亂天下臣以為安石止于
不曉事與狠愎耳不至如誨所言今觀安石援引親黨
盤據要津擠排異己以固權寵常自以己意陰贊陛下
内出手詔以決外庭之事使天下之威福在己而謗議
悉歸于陛下臣乃自知先見不如誨遠矣純仁與顥皆
素厚安石拔於庶僚之中超處清要純仁與顥觀安石
與安石所為不敢顧私恩廢公議極言其短臣與安石
南北異鄉取合異道臣接安石素疎安石待臣素薄徒

以屢常同僚之故私心眷眷不忍輕絶而顯言之因循
以至今日是臣不負安石而負陛下臣不如純仁與顥
遠矣臣承乏兩制逮事三朝與國家義則君臣恩猶骨
肉覩安石専政逞其狂愚使天下生民被荼毒之苦宗
廟社稷有累卵之危臣畏懦愛身不早為陛下別白言
之軾與文仲皆疎遠小臣乃敢不避陛下雷霆之威安
石虎狼之怒上書對策指陳其失隳官獲譴無所顧慮
此臣不如軾與文仲遠矣人情誰不貪富貴戀俸禄覩
安石熒惑陛下以佞為忠以忠為佞以是為非以非為
是不勝憤懣抗章極言因自乞致仕甘受醜詆杜門家

居臣顧惜祿位為妻子計包羞忍恥尚居方鎮此臣不如鎮遠矣臣聞居其位者必憂其事食其祿者必任其患苟或不然是為盜(竊)臣雖無似嘗受教于君子不忍以身為盜竊之行今陛下惟安石之言是信安石以為賢則賢以為愚則愚以為是(則是)以為非則非諂附安石者謂之忠良攻難安石者謂之讒慝臣之才識固安石之所愚臣之議論固安石之所非今日之所言陛下之所謂讒慝者也伏望聖恩裁處其罪若臣罪與范鎮同則乞依范鎮例致仕或罪重于鎮則或竄或誅所不敢逃敢(取)進止[redacted](諧)謂此疏嚴正剴切大有係于公之品概當時編

集或有所疑而不收桂林正宜補入當由未見遺之
又按公解禪偈六首為東坡所書直截了當足為學佛者
指迷檢傳家集亦未録桂林亦當補刊並録于後偈之
言曰文中子以佛為西方之聖人信如文中子之言則
佛之心可知也今之言禪好為隱語以相迷大言以相勝
使學者悵悵然益入于迷妄故余廣文中子之言而解
之作解禪偈六首若其果然則雖中國行矣何必西方若
其不然則非余之所知也忿氣如烈火利欲如銛鋒終
朝常戚戚是名阿鼻獄顔回安陋巷孟軻養浩然富貴
如浮雲是名極樂國孝弟通神明忠信行蠻貊積善來

百祥是名作因果仁人之安宅義人之正路行之誠且久是名光明藏言為百代師行為天下法久久不可掩是名不壞身道義修一身功德被萬物為賢為大聖是名菩薩佛至聞見後録又稱舊藏文正公隸書無為贊傳家集無之則不知此贊並入近書固在集中未細檢耳

郡邑志

前人論郡邑之志不啻充棟諧按宋元舊本若景定建康汴京遺跡咸淳臨安至正四明至元嘉禾諸志外訓詁爾雅者不可多見至前明一代若康對山之武功王

守溪之姑蘇呂涇野之高陵韓五泉之朝邑趙浚谷之平凉孫立亭之富平諸志所稱鐵中錚錚者亦指不數屈

山谷詩用事

百書不如一見面或以為用昌黎與大顛第三書中語然此書係偽作當以用趙充國傳百聞不如一見為是又人百忤之無愠容是用列子說符孟氏父子舍然無愠容又小兒得褌不索襦是用世說韓康伯事本事得襦不須複褌因趁韻反用之尤見靈妙

因時事作聯

京師諸公暇日每因時事作聯最有工巧乾隆時紀文達公尤擅場惟三日十八八月十三日　聖祖祖孫雙萬壽凡一事當時未能覓對迨嘉慶大考翰詹一等四名為吾桐姚鷹青編修四等一名為歙縣洪賓華修撰諧官刑部時遂作對云一等第四四等第一編修修撰兩同鄉惜文達已捐館地下有知應為叫絕又按老學庵筆記載張真甫為成都帥未至前旬日大風雷龍起劍南西川門揭牌擲數十步外真甫名震或以元豐末貢院火而焦蹈為首魁當時語曰火焚貢院狀元焦無能對今當以雷起譙門知府震為對與此正同而因難見

巧則後来居上矣又梁谿漫志云前人記崔度崔公度王韶王子韶以為的對紹興中馮侍郎檝羅侍御汝檝在朝或戲為語曰侍郎侍御檝汝檝無能對者時范檢正同陳檢詳正同俱為二府掾屬徐敦濟續云檢正檢詳同正同亦可謂工矣惜重一正字又語林載趙魏公有一私印云水晶宮道人周草窗以瑪瑙寺行者對之魏公遂不用此印見草窗同郡崔進之藥肆懸一牌云養生主藥室魏公以敵死軍醫人對之進之亦遂不設此牌魏公語人曰我今日方為水晶宮吐氣則漸開隙矣是亦不可以已乎

白醉

吾鄉國初姚休那作白白齋貨殖傳評自書其首曰廳事之為間者五割五之一以為齋又二分五之一而齋之内外脩矣其外舍藏書處也顏曰白戰其内置榻焉顏曰白醉白戰之說舊矣而晝睡者有白醉之名其說聞諸升庵白白齋者合而顏其門者也休那所云聞諸升庵者未知何如語按齊東野語引陶隱居清異錄載開元時高太素隱商山起六逍遙館各製一銘其三曰冬日初出銘曰折膠墮指夢想負背金鑼騰空映檐白醉樓攻媿取白醉二字以名閣陳造道為賦詩攻媿次

之云處世難獨醒時作眏檐醉年少足裘馬安知老夫味天梳與日惆且復供酒事謫居韋三適得此更慚愧向來六道遥特書見清異君家老希夷相求諒同氣曲身成直身朝寒俄失記醉中知其天不飲乃同意書生暫奇温難語純綿麗

漁父絶句

龍眠詩傳載姚休那漁父一絶云籃裏無魚欠酒錢酒家門外繫漁舡徘徊欲把蓑衣當又恐明朝是雨天詰按此詩見前明葉子奇草木子談藪篇爲賈士道命蜀僧所作不知本屋何以誤編

采石太白樓詩

雨中消夏錄載錢塘胡釣題采石太白樓云文章睥睨世無敵湖海飄零氣不降六代騷壇餘此席百年詞客獨登樓為君天特開青嶂題壁人今已白頭尚有院花祠宇在揚舲直欲錦官游國朝詩別載（裁）錄此詩百年詞客作一江春色揚舲作懷鉛係崑山布衣黄子雲詩按子雲字士龍號野鴻有長吟閣詩集八卷雍正時徐公葆光為之徵刻者此詩即在集中卷首有崑山蕭翀詮次數則即言有竊其稿以遊廣陵者負盛名欔（攫）厚利野鴻笑曰不知肯剩遂（我）一一鶴聲飛上天否錄中所舉此

殆其人歟

槐根

槐根將相無聊夢芥子乾坤有此身此鄉先輩朱歌堂句也宋故與先方伯公友善方伯公予見此句嘗極賞之頃閱李丹壑盤隱詩集有荅夏鶴曜一律始知其槐根七字用李然李以墓裡文章本分錢作對則朱優矣朱名雅因作此詩遂號芥生舉乾隆甲寅江南鄉試終於某縣教諭詩宗海峯與王悔生張昜園齊名悔生親及海峯門歌堂昜園年輩差後然詩格視劉皆所謂沆瀣一氣者王張詩皆自刻歌堂詩則鮑覺生郎侍為選刻京

師後又自刻續集

姚花龕

吾鄉先輩姚花龕過劉公戫故居一絶云俠氣清才兩擅場當年聲價並施王風流轉眼成消歇老木寒雲七頌堂按花龕名興涑舉乾隆甲午順天鄉試為惜抱尊行而受業焉惜抱嘗序其詩藏家未刻

張鉉耳

灤陽消夏録滄州張鉉耳夢中作一絶句云江上秋潮拍岸生孤舟夜泊近三更朱樓十二垂楊徧何處吹簫伴月明有跋云夢如非想如何成詩夢如是想平生未

到江南何以落想至此姑録存之桐城姚别峯初不相識新自江南来晤於李鋭嶺家所刻近作乃有此詩問其年月則在余夢後歲餘閒匣出舊稿示之共相駭異世間直有不可解之事宋儒事事言理此理從何處推求耶按空明闇無此詩問或以同張不存

胜録

孔子四科之稱始見於後漢酈炎傳

張璁議文廟易像設主其論已發自東坡之私試策

翟湯亦號臥龍見世説棲逸門注引晉陽秋王劭亦號鳳雛見雅量門注引王劭别傳樂廣亦號水鏡見識鑒

門

曹操名禰衡為鼓非鼓吏也往往誤用為鼓吏張桓侯

字益德非翼德也往往誤稱為翼德

唐方技嚴善思與父延子向三世皆年八十五

唐之韓幹以畫馬名矣南唐畫苑亦有韓工畫水見十

國春秋

西漢稱武勇者有藉辛則以詞著東漢以名節顯者有

李杜唐之李杜則以詩雄

綱目誤刪蕭方等作蕭方新唐書誤刪盧鴻一作盧鴻

均不得藉口於左傳之稱呂展晉重

霍去病云顧方畧何如耳不至學古兵法武穆運用之妙存乎一心本此

陳洪綬號老遲二字見墨子非樂篇王澍字良常二字見集異記新宮銘錢東鐙字飲光二字見七佛名中

學記良冶之子必學為裘良弓之子必學為箕四句列子湯問篇以為古詩

姑蘇二字見荀子宥坐篇亦見韓非子喻老篇道人二字見荀子解蔽篇與不道人對舉後乃以稱方外

作晋書干寶之姓作頭佗寺王草（屮）之名及注素問王冰之名皆從來聚訟莫定

宋有邱濬以易數推元豐元年當豐卦見邵博[溥]聞見後録又著霸國環周立成歷一卷見藝文志

宋有兩唐伯虎一係丹陵舟人庚之兄附見宋史文苑傳一係全州進士見王鞏隨手雜録

天下本無事庸人自擾之此二語足該十二部中未曾有部五教中大乘[教]頓教圓教

太史公書誤沿為史記五代史記誤沿為五代史

閭薄汙漫即帷薄不修見唐書陳叔達傳

孔明隆中對先生之畧無異太史伯之對鄭桓公韓信之對高祖

仁兄之稱見趙壹報皇甫規

古人謂械為兵其執之者卒也後乃以執械者為兵古人謂所寄之語言為書其傳之者信也後乃以所寄之語言為信

班彪之於竇融馬周之於常何張嘉貞之於張循憲李揆之於李璆皆代為條奏蒙薦李揆事見前定録

吴太伯世家言子胥伯嚭鞭平王之尸以報父讐後人但稱子胥

好官亦不過多得錢耳此宋曹彬語蓋因不得使相而發然非怨懟求士三代以下惟恐其不好名此宋陳瓘

語塤為史彌遠之甥

蘇長公乳母小名金蟬見邢石[redacted]臼前集詩注露筋娘

為蕭荷花見徐文長詩集

槩案長公乳母任氏名採蓮公集中載有墓誌銘名金蟬者乃楊氏子由保母也公亦為之墓誌銘邢石臼詩注乃誤

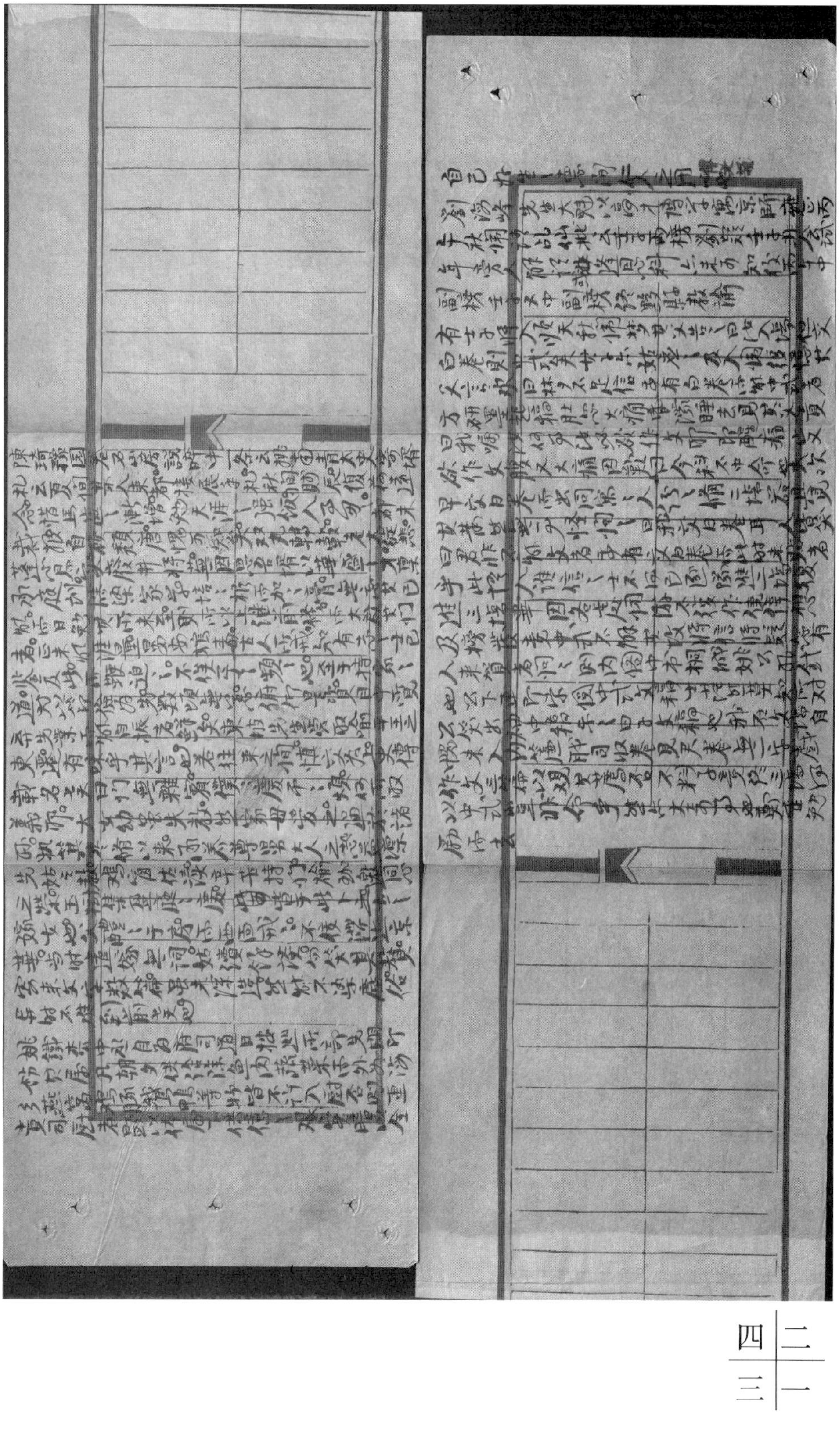

四	二
三	一

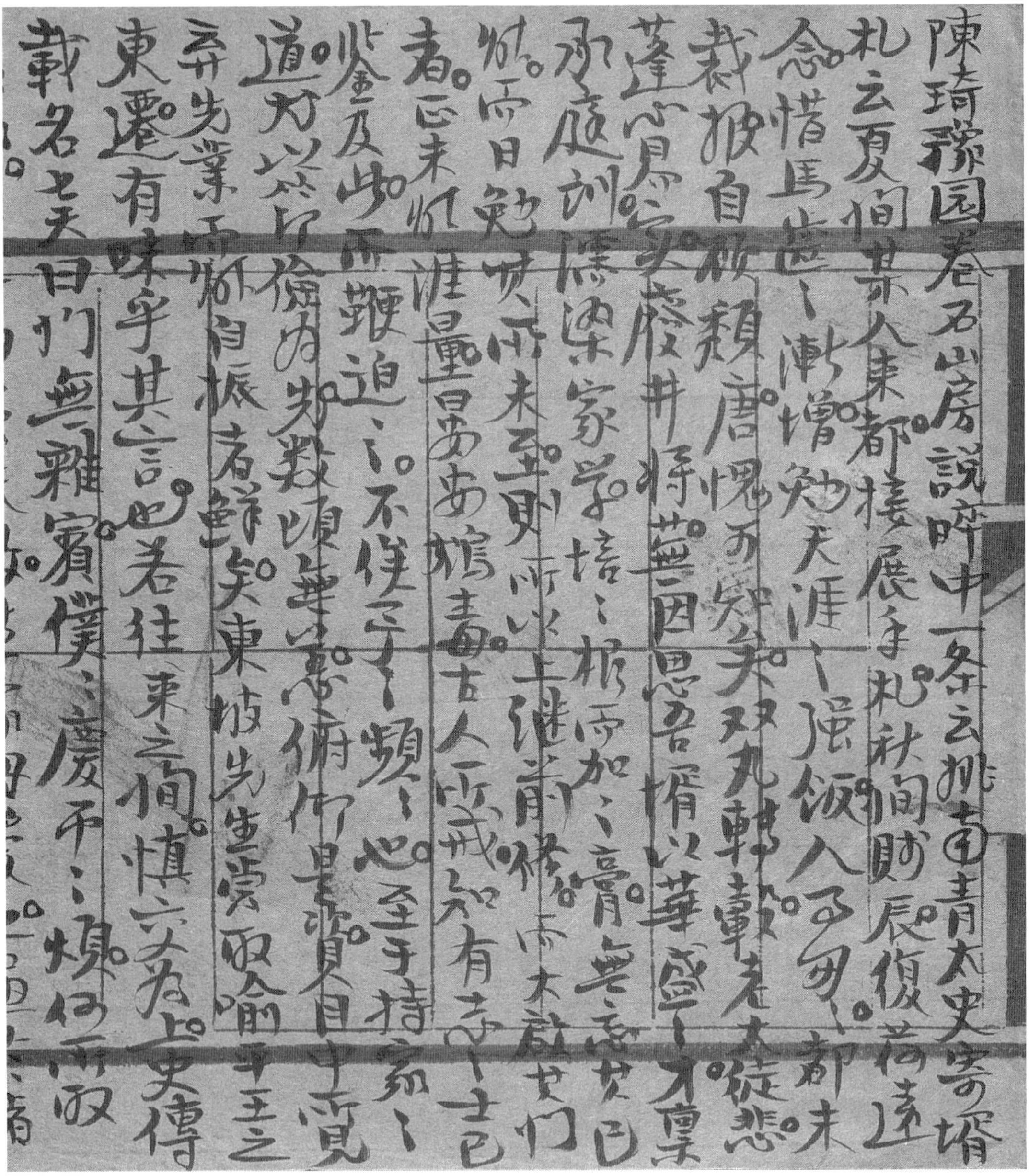

陳琦孫園卷石山房說晔中一条云姚南青太史寄壻
札云夏間其人東都接展手札秋間財辰復荷遠
念惜馬齒之漸增知天涯之溷飯入予毋之郁未
裁披自賴顏唐愧不知矣双丸轉轂老大徒悲
蓬心負恩安廢井猶無因思吾壻以華盛之才禀
承庭訓濡染家學培之根而加之膏無患其已
然而日勉其所未至則可以上繼前徽而太蔵其門
者正未知涯量安安媳毒古人所戒知有志之士已
鑒及此而難迫之不僅乎其類之也至于持家之
道力以從儉為知數頃無多俯仰是資目中覓
弃先業而能自振者鮮矣東坡先生賞取喻于王之
東遷有味乎其言也若往來之間慎言為上史傳
載名士夫日門無雜賓僕之慶千之煩何所取

局部圖一

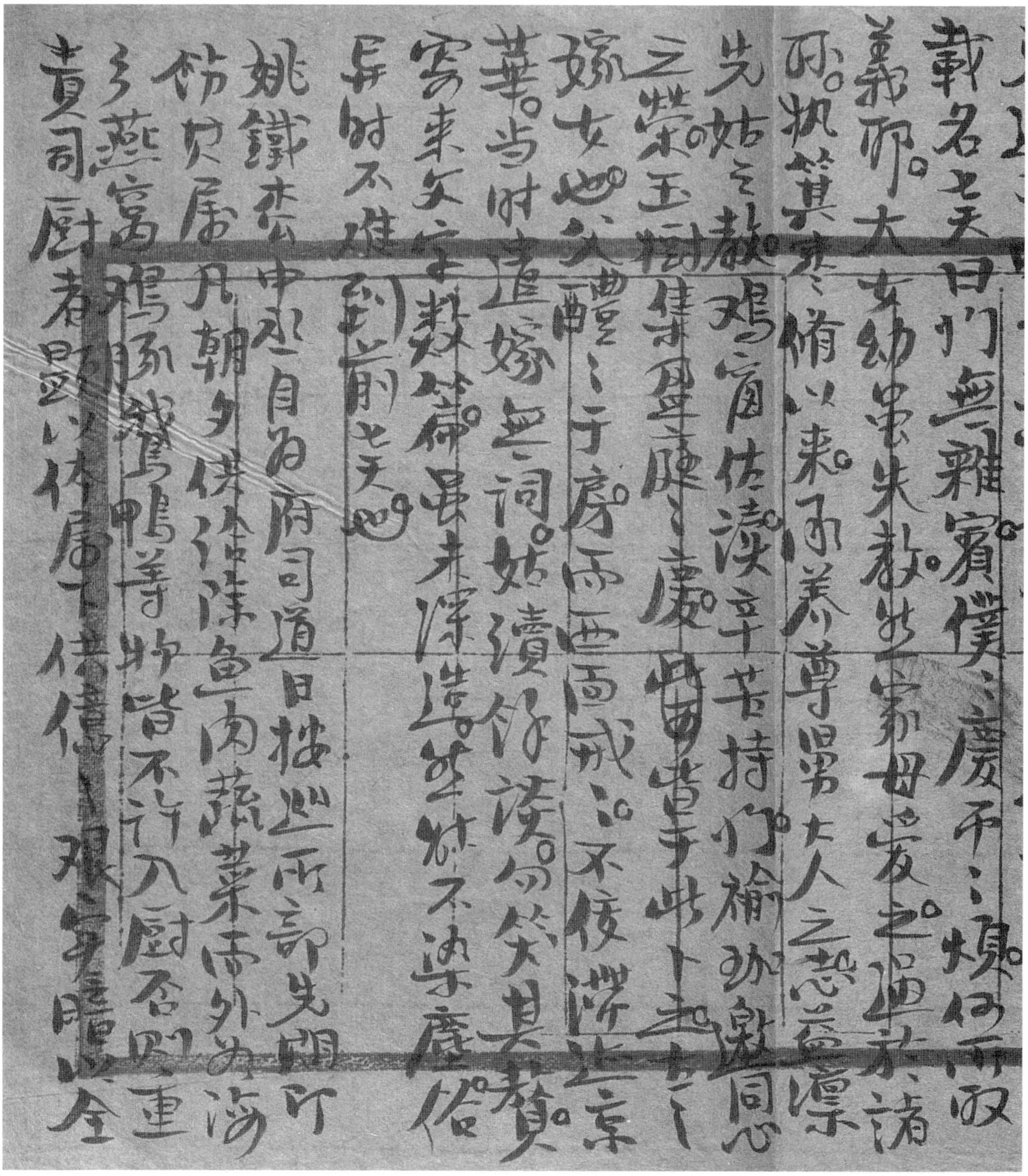
載名矣。日們無雜賓，僕々虞々不々煩，何所取
義耶。大女幼患失教，此家母愛之過歟。諸
孫。執箕帚，循以來。承養尊舅大人之恩，爲凛
先姑之教。鴉鬟佐漢辛苦持門，輸功與同心
之榮。玉樹集庭之慶。曲當于此上壹々
嫁女也。六禮々々于房而無戒，不復滞于京
華。当時遣嫁無詞。姑續舒漢，冷笑其貧。
寄來文字數篇，甚未深造，然不染塵俗
异時不难到前之天也。
姚鐵巷中，丞自爲府司道日按巡所部先期行
飭見居凡朝夕供給，除魚肉蔬菜而外，如海
之燕窩、鷄豚、鵞鴨等物，皆不許入厨，否則重
責司厨者。然以体居下，借信以艰，字之曰，以全

局部
圖二

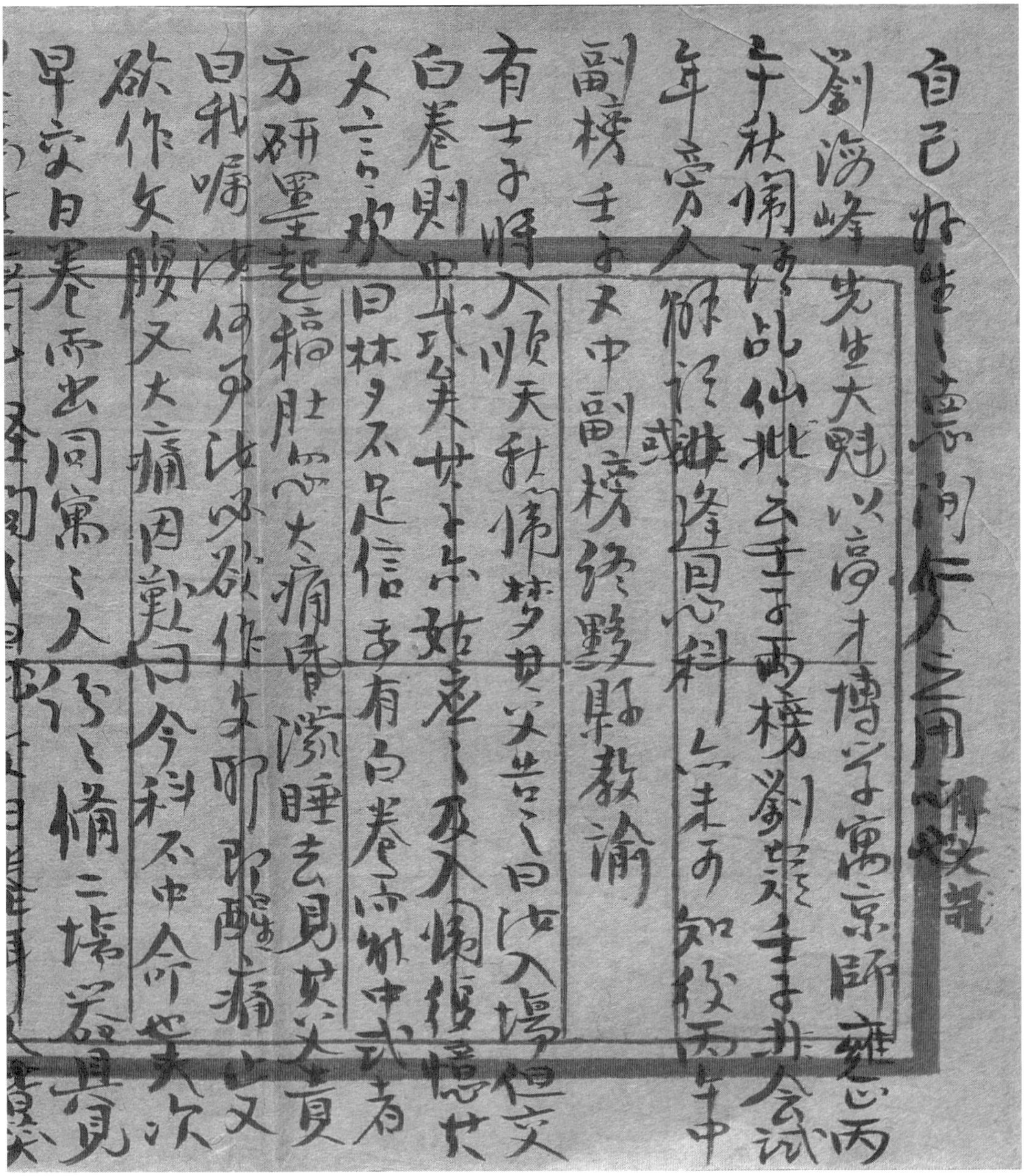
自己好生一意淘今人之用心
劉海峰先生大魁以高才博學寓京師雍正丙
午秋闈請乩仙批云壬子兩榜劉某某半半非會試
年旁人解說或以隆恩科亦未可知後丙午中
副榜壬子又中副榜終黟縣教諭
有士子將入順天秋闈夢其父告之曰汝入場但交
白卷則中式矣其士子亦姑應之及入闈復憶其
父言之歎曰林子不足信乎有白卷而能中式者
方研墨起稿肚忽大痛昏然睡去見其父貢
曰我囑汝何乃汝必欲作文耶既醒痛止又
欲作文腹又大痛因歎曰今科不中命也矣次
早交白卷而出同寓之人方備二場器具見

局部
圖三

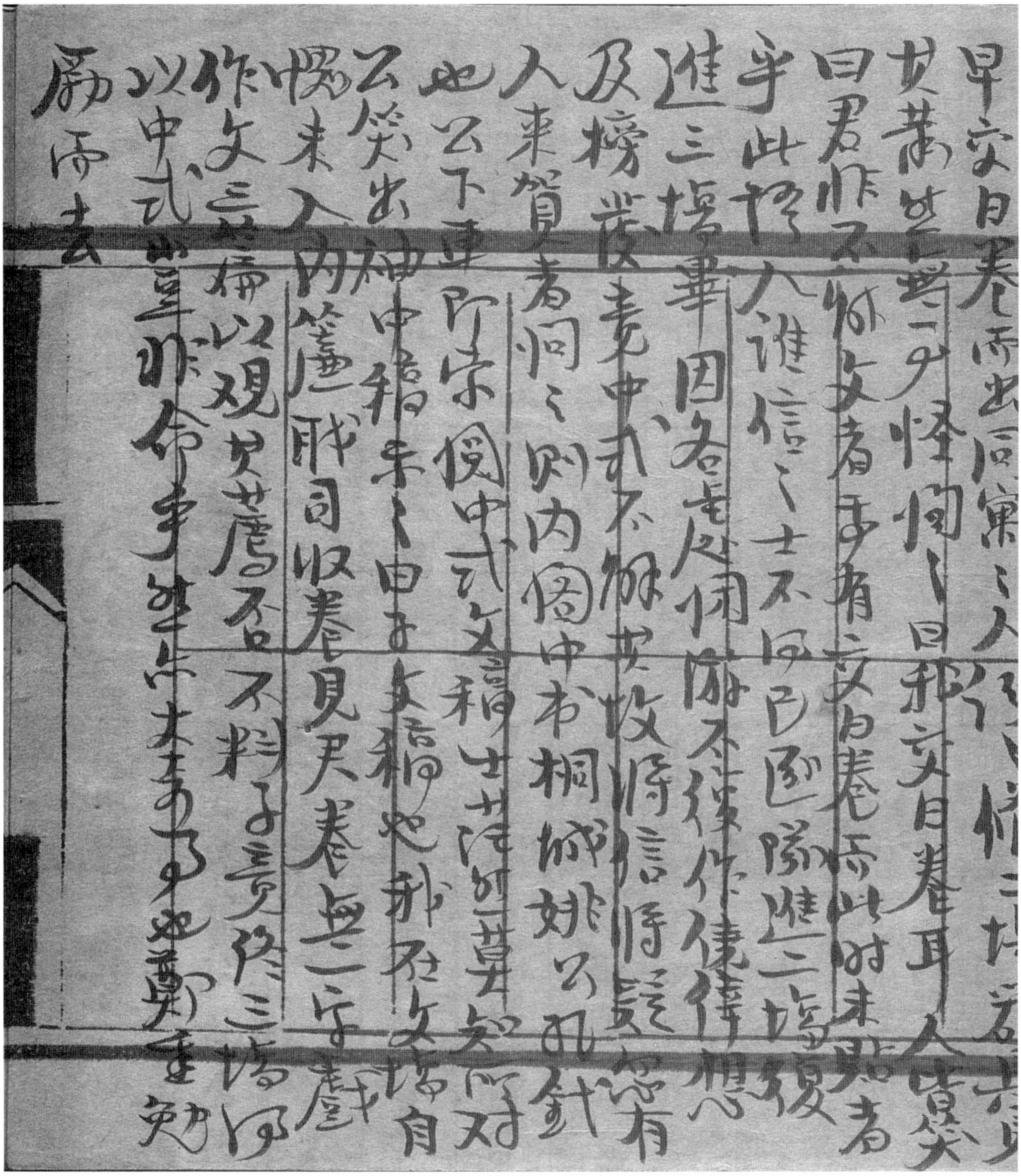

局部
圖四

光栗園先生詩稿

一卷

光栗園先生詩稿

《光栗園先生詩稿》一卷，清鈔本。一册。半葉九行，行二十一字，白口，四周雙邊，無魚尾。框高十七點一厘米，寬十二點三厘米。書名由抄者題於内封。每詩上書『抄』字。書末有闕葉。

本書收詩一百三十餘首，多不見於已刊之《稼墨軒詩集》。光聰諧詩多近體，風格多端莊謹嚴。劉聲木評其『詩不名一格，大略從義山、魯直入手，以上泝杜陵』。内容多倡和應答，或感物傷懷。

光栗園先生詩稿

抄

石甫見示長句意取相激依韻奉和即以平之

野翁自慙才力薄甘就蓬蒿饜藜藿謬言心賸與世違豈知智盡還能索　聖代何煩詠北門鄙懷差可隨東郭鄰僕架上且披蠹翟氏門前休歎雀何人康世裕經綸顧我尋山便腰脚西華東岱前攀躋黃海匡廬後縋鑿是峯可登洞可求荷神與階靈與鑰烏兔遷延貌縱衰雲霓明滅夢猶作故人驥足展未盡引疾歸來仍磊落悠悠素抱許誰知耿耿丹心猶自灼嗟君曾見錐處囊願君不惜舟藏壑方雖法卦圓取蓍柔固鄰便剛近

虐自然周道足逶遲敢望褊衷容切愕憂戚危明大臣
事吾儕且共衢尊酌

抄 酬元伯人日見示詩即用其意調石甫

人日題詩說杜高君詩磊落興尤豪駿〻日馭何須挽
滚〻詞源盡共操老驥正宜伏短櫪倦鷹底用夢長縧
可憐醫國歸来手拮据猶肩里閈勞

抄 和植之元伯石甫三君北園會飲感舊詩兼調台
青主人

郊墅難為訪舊行依然溪水繞柴荊春来照眼應梅柳

老去關心在割烹可便東山能技挾却同北海有樽傾
平生飛動空含意未預賓筵句媿賡

抄　淡邨丈來詩及前歲同遊事五嶺或不易躋谷林
路坦可續尋也率成一律奉酬

辭官為踐尋山約腰脚其如近不勝便借筍輿穿詰曲
已懸芒屩肆攀登惠風三月又將至幽思千重更勃興
莫問搜奇與闢險擬從沂雩且隨曾

抄　和淡村丈見示韻時久雨初霽

丈人才不盡工麗自成家常貯胸中錦紛開筆底花昨

傳懷舊句又見吐新葩誦罷起延眺陰霾已變霞

抄

和淡村丈宜園雅集韻

欣逢綠野敞瓊卮亟命巾車去講帷共仰靈光傳魯賦永懷戩穀誦周詩輸贏兩忘聊分注黑白平占各擅奇（是日有天九園棋兩戲）忝附古稀陪杖履年〻樂此豔陽時

抄

淡村丈又用堂觴狂三韻見贈奉和四章

漫疑張也重堂〻淡盪襟懷見豆觴試看園梅飛萬點風前也學次公狂

堯鐘路榼共登堂欲挽天河注此觴縱使叫號非罔念

尼山進取首思狂

平陽曽闢蓋公堂日飲醇醪不計觴漢相蒞官猶許放

唐賢會老豈嫌狂

柳已深〻蔭草堂讀書有暇詎辭觴歌爲好與追秦快

嘆鳳無勞逐楚狂

抄

洛神賦自有感甄之説（劉後村以爲子建寓言）詞人率忘其織而豔稱之近何義門獨以賦言宓妃爲寄心文帝謂其有屈子之志吾友元伯又以鄭后用讒猶之鄭袖賦意欲得賢如宓妃者以正宮闈皆足爲陳思解織因

戲兩絕題元伯所繪圖

最是唐家小說誣周秦行記更堪吁如何書麓無持擇
留枕還聞又獻珠

詞客紛紛說感甄魏家陳是漢家陳辭人會取思賢意
較勝為王殺灌均

卅

習靜

辭榮我豈厭簪纓習靜人疑慕老更黄氣未從眉際見
白光或向鼻端生春風到處花千樹秋月澄來水一泓
鵬息鵬飛皆任運蜩鳩底用妄譏評

抄　答伯山

笑爾書來久審詳誣余坐賈又行商蠅頭尚便勞心計
牛背何堪著眼光自是寒溫疎往返致因（憑）謡詠肆蜩螗
因思鄴架牙籤滿縱擬居奇也未妨

抄　出門二首懷張丈人鑑

出門時左顧縱不淚滂沱迴憶論文久能無致慼多屋
偏存肘腋人自邈山河伯道何須恨精神故未磨
我昔膺鄉薦君先返太虛登堂申奠醊執卷更踟躕安
得眼如月因之筌得魚迄今還一笑莊枕夢回初

抄

即事

一樹胡桃傍短垣鄰雞撲懶已無喧誰驚午睡遽然覺
似有餘九鵲踏翻

錦鱗迴繞小嶒岏遊蟻方同壺嶠觀一勺莫嫌清見底
青螺點點泳游寬

抄 十月廿九六日存之取所藝菊疊置室內邀飲涉談
感誌一首

一片玲瓏影花光與（燭）菊光花仍如（逢）九日燭豈論千行且
醉雙螯蟹休嗟獨角羊離邊勳業好得失許相忘

抄 酬淡村丈見贈韻

佳句昨承貢錦函賜言眉壽作朋三如公鶴算方稱瑞愧我駒光敢並談天上夔龍勳自好山中麋鹿性同諳年来吟詠無收拾何幸相從得指南

抄 輓張雲畦 君以孝廉宰尉氏與令兄竹野檢討皆善吾先弟退庵

閑居已恨早亡安謂潘稚青底事秋風又隕翰朱紱水雲聊共證青編志業詎容完中州好聽傳三異右族猶當說二難地下定尋吾叔夜為言衰荼尚加餐

抄 和植之至日詠懷第二首韻

書言惠吉與從山參以羲文意故同消息況迎長短至
襟懷合並地天通世無伯樂空憐馬古有諸梁枉好龍
洛社酬歌休問此隨君我亦漫稱翁

盆梅初放元伯石甫見過留飲元伯作二律依韻

奉酬熹賀其滇南哲嗣將至

老盆吐梅萼寒香敢自私欣逢佳客至共許寸心知庭
鶴何當守山蜂未用窺茅齋雖愧陋鑒賞亦攸宜
宦途歸萬里好與遂烏私陟岵嗟毋賦迎禧笑可知團
圞欣室滿喧語任鄰窺藍尾杯方進遲來禮亦宜

抄

題董思陶詩卷

紛紛里耳必期諧律以風騷義便乖似此五言幾上詣
陳家遇與阮家懷

爐錘別次慧人胸李杜韓蘇俱可宗多少磨驢循故跡
那知躡電有飛龍

誰言短律義容求四十賢人欲並優大國祇今誰擅楚
長城在昔止推劉

弇州恢博欲全包北地麤豪未易嘲別有蕭蘧不傳法
餐來許勝大官庖

兩朝七絕總堪稱莫逐滄浪起愛憎彪外彌中唐獨擅
手揮目送宋偏能
旖旎無如子夜歌齊梁樂府曼陀羅輞川自有王裴句
我更傾心喚奈何

屢見詠之同年左挖書感賦

徐子當年未易才興酣作字亦奇哉墨池爭訝持螯出
筆陣羣枝鉞來祖豈定爲劉氏重尚應常愛楚人推僧
房客館時留跡一次相逢一次哀

抄

存之約同人花瑞軒賞菊元伯有詩更訂紅梅之約即次其韻

小陽春不淺猶喜菊花開接譜無凡品占星近上台群賢誇德聚此境擬甘回延壽憑酈井何殊賦有臺深杯雖號雅濁酒只中賢老圃方衡學新詩已競傳株嗟因兔守木笑為魚緣豈必紅宜萼幾賡坎坎篇

抄

幽人

幽人無事只高歌咄咄書空合重訶晚歲始知新歷快晨星猶比舊交多情移酒榼兼詩本業寄樵斤（柯）與牧蓑

但使年豐常穀賤普天黄白舞婆娑

抄 酬元伯送柚因懷閩荔

夏書作貢常隨橘爾雅分箋又似橙勝日羊城輸予飽
秋風閩海記吾曾
閩中底事繫人思三百無緣啖荔枝奉到寒煙深處果
報君聊賦木瓜詩

抄 次韻答淡邨丈

春光來亦任堂〻合醉香山九老觴衛武曾聞歌側弁
古狂那便勝今狂

抄　次淡村丈詠老詩韻

朝課穉孫讀裁至王曰叟讀罷有餘情遣過鄰墻酒慰其殷勤意亦使略上口醉後忘瓜葛呼之以小友維公盛名德當代紫芝叟日〻和天倪匪籍盈觴酒陽秋且去皮藏否肯挂口誦公詠老詩几遽宜尚友

抄　宜園賞牡丹次淡村丈韻

聞說西疇鹿韭妍欣逢地主走吟箋九齡矍鑠方開袠萬朵光華正照筵到此纔知春是海如惟公不愧健如僊菊芽又見盈畦茁更擬三秋薦玉船

抄 淡村丈約遊五嶺觀音崖次韻奉荅

吾邦勝地豈容睽五嶺偏疑缺句題便擬三秋乘興往
還求九節共君携現身清淨雲開岫說法圓通雨過谿
應許聯吟摹景物短箋書罷印紅泥

抄 再酬次前韻見贈

屢經疊韻不乖睽隸事偏能巧著題勝日情多杯愛把
高年步健杖辭携襟懷淡盪如香老詩格溫柔過玉谿
顧我繁華叨夢覺猶煩問絮可沾泥

抄 早歲作詩不喜次韻近年始為之或遂許為自然

淡村丈尤極爲假借因再次前韻聊當解嘲云

和詩依韻意先睽曲折焉能强赴題乍可亦趨還亦步敢言如取更如携酉山未許探奇籍丁峽何從闢險谿往哲長篇猶制勝較來真似隔雲泥

抄　偕存之山行

爲卜牛眠地來過獅吼場殿鐘何杳杳巖木自蒼蒼時有山民至爲言水法良掉頭不敢信歸路趁斜陽

抄　野螢

雲滿
月黑尚繁星登臺見野螢余懷耽寂照此物漫飄零渡

水看浮白隨風訪閔青滄江有白髮幾輩憶林垌

抄　閒居

閒居歲月易輕過未解園圖樂事多忽憶蕭蕭愁暮雨
吳江獨聽唱吳歌

抄　遂園海棠

短短海棠開傍砌無限韶光供流睇閱香不遣蝶蜂知
耀色惟依霞日麗半宜陰靄半宜晴倚檻微吟起繞行
燕瘦環肥俱難擬令人遥憶許飛瓊（說文瓊為赤玉）

抄　谷林寺同淡村文作

芳甸已春深名藍好共尋雛僧齋放梵古佛盡磨金倚杖緑環岫登臺紅透林悠〻後来者誰證兩翁心

抄

談次再酬一首

塵事莫關心斯言味至深何須求玉箧已許度金針舉世皆勞勸先生獨醉吟一編長慶集直比陟崑岑

抄

輓張文恴銑　文集張氏鄉會文名清河世業又最鄉里掌故遺編剩蔚收藏獨富

世業清河重先生肆討尋歷觀逢玉尺已抵度金針翰苑蜚聲早花封植澤深二難洵並美晉稟太邱箴

益部傳耆舊先賢紀汝南吾鄉求散佚此室媲鄭聃硊

疏情無倦致〻性所躭遺編期慎守暇就郤陶菴
八旬猶羨五真見地行仙天保如皆備箕疇福盡全叨
陪真率會時和短長篇但紀今何敢成蘧反自然

抄 山行感見

溪鳥未知名巖花似有情蔦綿紛弄色格磔一流聲收
豎停鞭立樵夫讓徑行深山崇揖遜朝市乃喧爭

抄 讀鈍翁類稿

但論秋柳與春楊未必南汪遜北王曾望堯峯上堯日
恨無人指乞花場

題石甫後湘續集

君今涉筆不爲慨，亦與懷沙屈子同。不是步趨求則傚，
好將消息問鴻濛。
但蒙不潔豈西子，勉就鄉冠非伯夷。漫謝奔流挾砂礫，
玉峯朗朗敢嫌卑。
海外番中宦跡奇，心丹那惜鬢如絲。而今恩怨且姑置，
歸與潛夫共詠詩。
計偕皇路昔馳驅，僂指今存三老夫。迴憶初心都未滿，
把杯相對一嗟吁。戊辰北上同行者海帆、卉生、鳴韶、樗亭詠之，今惟元伯及君與僕存。

山陽之笛
豈勝感耶

抄

和石甫歸來詩三首韻

休嗟兩鬢各如霜剥盡羣陰見老陽肯以蟲魚妨磊落
願求仁義謝膏粱人心戒懼天心悔水徵唐虞旱徵商
此後年年歌大有一壺同醉白雲鄉

在市何嘗異在山形勞不礙寸衷閑愧余歷涉皆平易
念子遺投盡大艱伏櫪壯懷雖未已著書蹤願幸容還
箇中消息能參否羲楯箪瓢合禹顔

幾年萎被冷于秋祇為功名念未收此日懸車歸里閈

時聞聯榻共淹留兄占貞吉心元曠弟課賢雛樂正慈
詩格莫嫌非上諳終超范陸與蕭尤

抄　石甫招飲出視新製懷坡詩序歸後又走詩極言元
伯思致敏速戲為一律呈兩君同粲

淹遲從古稱司馬敏捷於今更擅枚頃刻青紅浮海蜃
幾番蹴躪走羸駘主人氣盛文堪敵老我心欣識許陪
酒旨肉甘姑飲啜兩雄一任戰轟豗

抄　和植之冬至詠懷韻

彈冠底事謝王陽政府曾無偃月堂自恨才微孤　簡

畀轉教心曠落蒼茫新如顧我難言益舊學如君信曰
强漫道窮愁隨一綫斯文歷世莫彌長

抄　植之又用前韻索和

我思君子賦陽〻步櫟隨時問草堂人事百年紛感慨
天心一夕見微茫綉添彩綫何云弱筆轉洪鈞大是强
濁酒莫辭霑醉屢相看化日已舒長

抄　題張耐翁楚江歸櫂圖

黄鶴樓中玉笛聲廿年不聽愴離情披圖且置歸来意
我欲扁舟江上行

抄

讀小倉山房集

騷壇尚有桓宣武定喚斯人作可人何物蒼山精敢冒楊家秘監是前身

抄

畫兔

拔毫可便利天下抱杵難容竄月中捉取雙〻入圖畫不教眼脚混雌雄

抄

畫龍

凡介常鱗望若仙屈伸變化本從天時来潤徧九州土歸抱驪珠自在眠

抄 題折葦渡江圖

梁后當年未契機金陵紛擾豈傳衣江流東去千帆疾
祖意西來一笑微何處結茅容寂滅此時折葦漫因依
懸知絡驛追來騎延佇津頭悵落暉

抄 題赤壁夜泛圖

赤壁圖成索我題羨君逸興曠難齊可能深夜鶴猶夢
或有危巢鶻尚棲迴憶五年在江漢空吟兩賦阻攀躋
含豪棖觸情何限待買扁舟更向西

抄 首夏邀茨村文遊石門冲及五嶺觀音洞歸賦二

律

名山欲往謝衰慵勝地還欣在邑逢嫩綠柔青紛觸眼
跳珠濺玉儼披胷敢辭犖确崎嶇徑幸接期頤矍鑠容
長我十年猶羨五異哉作健不扶筇
潭潭深磵啟幽扃古洞相傳擅地靈石裂奇根翻贔屭
橋穿怒瀑走雷霆山蔬薄品聊供席野衲荒談抵誦經
更擬三秋明月夜從公襆被宿溪亭

抄
淡村丈有悟於動靜交相養義作詩見示未有三
教合同歸旨因申鄙意衍為三篇答之

動靜交相養元門路尚歧姹嬰雖異用龍虎豈同資抱
一虛含萬知雄漫守雌功成誇九轉沖舉竟無時
動靜交相養禪家悟未融六根終擾〻四大孰空〻入
定何嫌出西求詎勝東拈花已多事一笑更愚蒙
動靜交相養吾儒用乃神戶樞堪轉闔車軸總持輪禮
樂歸陶淑山川協智仁端倪從此起萬彙盡含春

抄 自題行看

科跣可容矜落〻衣冠那便擅堂〻此翁試問居何等
廊廟江湖並淺嘗

留蔓南總六飲言懷

案頭豈不惜居諸老境年來百不如每恨師丹多忘事幾令王壽悔藏書新醅瀲灩方開甕雜卉芳菲又滿除向後無稱何足計當前有景未宜虛

世味何能不稍諳山尋水覽未妨貪流連物可日千百問訊書纔歲兩三難在起居中有省願於文字外無談往來多惜成淹坐隨意盤蔬力尚堪

同人集飲方仲山宅有不至者因改邀思陶幸其居近而來他往元伯有詩屬和依韻答之

綠陰初滿更開筵劇飲何容辨後先小院首夏乍晴還乍雨深杯中聖赤中賢稱心語出應忘諱咽事詩成豈論傳點檢莫嫌虛舊額對門人有治安篇

抄 元伯餽麥札鳥佐飲并侑以詩依韻酬謝

魚名曾用麥鳥又麥為名羅網黃衿獲田疇綠正平貓頭方遲斫筍鷺觜待含櫻谿聲老饕大因君得暫盈

抄 啄木

小園花已盡東風綠換長條翠換叢忽訝開簾明照眼飛来啄木一襠紅

抄

庭中秋海棠盛開元伯見過寵借以詩依韻敬酬

小卉秋来弄柔艷野夫病起開愁顏漫將霜染三千髮笑對紅妝十二鬟幸假微才辭寵利聊從盛世保優閒先生好我兼投句誦罷鏘如振珮環

抄

和元伯禁蟹誌感原韻即訂十月開戒持螯

勸學如君譽且歸熟精爾雅世常稀近緣腹負河魚疾暫遣心忘江蟹肥此味羣言多益善斯時獨戒是耶非小春暢滿尖尤勝相約揪臍願不違

抄

讀書感懷

志士曾聞惜兩九肯從故紙竭才鑽百年好比熟羊胛
萬卷何容閱馬肝繼往開來疇任重鉤元提要漫求端
何當躡跡三山頂快覩迴風吹紫瀾

抄
戊申己酉連歲水災已隨在城諸公捐錢百數十
萬矣九月晦日忽有男婦多人自稱係不共譜牒
之本家喧嚷索助持石砸門又畀錢四萬餘始去
詢知中有嗾者口號一首示存之

敬恭桑梓每從優況值年災遞歉收詎料面龐非餓輒
亦憑勾引作黎邱天心自示堯湯儆人事真成毀畫求

終愛少陵鄰婦句一杯相屬且同謳

抄

元伯席上次韻時石甫緒周同往揚州

説禮敦詩容室就肆筵設席慶堂隣婚姻好我方重疊福壽如公願並齊剪燭頻〻情未已飛花點〻路難迷二姚共上揚州鶴祖餞東郊約杖藜

抄

次韻答元伯

石莊何事去扶病理荒園罅漏難填補賓朋謝討論即看塵滿座無異席為門縱有繁花柳羞為勝侶言城西半畝宅料理僭名園敢曰新居適還依舊德論海棠將照砌嶺月佇當門毳畠猶堪具難忘息壤言

抄

病中淡村文贈酒感成一律

先生餽我大梁春恰值微躬二豎親祇領諸孫聊藉手深藏他日好沾脣東坡烏有難言戲北海樽空敢謝貧稍待病蘇殘暑退遲公一醉小池濱

抄

病中不寐構得一律

大鈞賦物本從同巧拙都歸化育中誰遣孟嘗成狡兔我疑精衛是愚公稻粱勤灌猶枯槁荼蓼重薅轉鬱蔥一笑百年姑置此且謀酒綠覓花紅

抄

聞石甫在金陵有行鹽之舉作詩調之兼答所定

明歲婚日

故人活國手那便學鴟夷稍假魚鹽術聊同管晏為乘龍方喜快賣犬肯占遲待子歸來飲桃夭正灼時

抄

題石甫康輶紀行

誰疑此書誕域外侈談州中有長沙淚蕪深杞國憂腐儒從橋舌壯士或搔頭余本謝時侶因之撫佩鉤

抄

飲酒

身後評題意且殊生前比擬敢辭誣金環見說輸臺伎銅柱曾聞類賈胡大野雲生空黢黵中天月挂豈糢糊

開閱不厭來三盃笑共花前倒玉壺
初疑梵夾專尊已因念孔書多為人由己推來人豈異
自人合處已方真兩家至極分幽顯千載喧嘵盡莽榛
我願一杯消壘塊山河大地總含春

抄 題韓幹畫王濟灌馬圖

傳稱武子解馬性未稱武子治馬病韓生筆妙圖補之適一千年蹟可證胡床閒據科其頭牽來一馬從督郵骨神雖俊乏芻秣鏡目空懸玉筋流短絙縛蹄勒手綰何以灌之藥擊逕腕或行或劑隨所施不進樂臯進廬緩灑然脫體振鬛鳴埒中更踏金錢滿吁嗟乎李少窩縣多瘡痍幹以灌馬諷其治豈比圖成乘黃誇職貢右相丹青徒爾為

抄 當暑

十載歸來只杜門故人京洛少寒温時平底用吟梁甫
年老纔知讀魯論曾向東西尋兩岳近營婚嫁到諸孫
科頭跣足欣當暑欲進茶甌退酒樽

抄　待雨

益熱還因乍斂曦爐如鍛鍊甑如炊孩蟲困蟻時自奮
猛雨挾雲迄未施隱隱雷聲纔屋角翩翩蝶影又階墀
何當有美堂前句潋灧敲鏗快此時

抄　題十八學士圖

鸞鶴羣中立一鴟龍蔡燕喙遂成悲五君詠且山王屏

安得顏延作畫師

抄　盆中水石

長盆水石寄逍遥石欲生雲水應潮一勺也須分渤澥兩拳真看峙金焦芥舟豈異鯨波入藜杖宜從蟻垤邀等是卧遊差易辦不煩王宰曠時描

抄　宿谷林寺

舊傳子敬讀書地何代經營起梵宮遂使低眉皈古佛不教刮目嘆吳蒙千巖松靜常(時)栖鶴雙澗泉飛日飲虹我欲僧窓安一几盡藏小品問支公

抄

僕人買擔頭剩菊雜植砌旁客來或有揶揄意戲
為一律以當解嘲

買得餘英種砌邊或黃或白也堪憐枝〻儘有寒香在
種〻奚煩妙譜傳客意未酬應莞爾余懷亦慰故悠然
君看茂叔閒情寄窓草何曾異渚蓮

抄

積薪

雲水光中託此身那堪回憶軟紅塵黃壚不使山河邈
白社從教鷄黍親詩未專家聊遣興酒難立戶且酬賓
阿誰閱取新除目猶為長孺歎積薪

抄 飲易卿賦贈

舊侶歸來幾箇存惟君猶及數晨昏杜家久戀烏皮几
阮氏常懸犢鼻褌蒼狗白衣從變滅殺鷄為黍且寒溫
顛毛出處皆同換背却當前月下樽

抄 與星房談官浙江時事

頗似當年杜子方勘詞難了夏沈香書生幾見窮甌脫
萬事〔里〕歸來鬢未霜

抄 初贖小園池上感作

椽墨中甍額尚存蠨蛸網户薜遮門循墻默默悲還喜

認取髫年畫墁痕

依舊墻頭棗樹繁（垂）繁花纍〻實離〻向來一任西鄰撲

為想長竿夕照時

敢望紅鴛戲浴莎分無白鷺靜拳荷怪來一寸隨鉤鯽

也覺不如名士多

梧桐吐葉半遮廊薜荔抽梢盡冒墻漫道小庭無絕艷

燕紅襟子鴛紅襠

抄

獨飲

呼朋每恨逢緣淺把酒還堪發興新敢說能魚熊二者

未妨月影對三人長空高望能無意短詠微吟覺有神
篤速夜深還自舞不関腷〻動比鄰

抄 郊行

偶攜便了問春田桐帽稜鞋意洒然知道前村有僧舍
落花風裏裊茶煙

抄 藍繡球花

淺深（綠）微紅次第翻裝成毬樣任風掀蔚藍別現盆中朶
疑有韓郎為染根

抄 偶然作

鳳辭阿閣返丹山羣鳥猜疑說萬端尼父行非爭禮肉
許由隱豈避共驩

抄

雙溪

圓翁魂魄此山中作記頻來又惜翁小子敢云堪繼武
兩賢長賴有遺風歸休或可三如一遲速將無異亦同
俯看潺湲雙澗水閱人曾不改初終

抄

送楊道士往南昌

鐵柱依然鎮水中旌陽祛孽有遺功憑君更訪玉隆址
可識當年挂屩楓

抄 石莊絶句

酷思老衲參玉版渴想嬰兒脫錦繃昨夜夢中聞霹靂
園丁晨報竹抽萌

晝厭蜩螗沸高柳夜嫌絡緯吟短莎得逢一雨兩蟲歇
又聽芭蕉又聽荷

鷺起高枝投遠汀魚吹細浪蹙浮萍白雲鋪練更鋪絮
襯得長空鴨卵青

露坐平臺最上層宵分未見月東升前林漫道全如墨
時有山家紅一燈

曩時邁往曾求艾此日閑居任積薪不見好詩來眼底負他紅綠遠扶春

抄 孔城桐鄉書院落成感作

桐鄉山市未塵氛只爲名賢遽有聞兩世卯金曾競爽謂海峯先生暨孟塗一時連璧又超羣謂文鍾甫戴蒼洲況傳精舍開新搆更卜英才接遠芬我老若容陪講席頻遭論奪也欣欣

昔年我共方來子徙倚河干看雪沙高論悠悠恒出世遺文夐夐果成家杳然去矣思無極栽者培之意有加

贏得白頭稱後死，俯今仰昔一咨嗟。

抄 溪亭

但期佳醞百杯斟，邪惜繁霜兩鬢侵。已托山林成末路，豈容勳業論初心。共知折足難成鼎，誰謂無弦不是琴。日坐溪亭更何事，長髯撚斷爲孤吟。

抄 贈江龍門

如君才豈世能拘，百里要爲發軔初。漫信風趨皆唯諾，誰言豪傑盡麤疎。好依王昶虛謙誡，莫上張充脫畧書。悃愊幾曾遺上考，鋒銛干莫莫全舒。

抄　秋遊過山寺

霜葉千樹圍秋光四野匝疇能掩關卧亟起呼屐蠟涉河暫憑矼入谷初見塔淙〻泉斷連莽〻雲開合林窟蹤艱蹊巖空響易答荒寺但懸鐘殘僧莫閒臘聊藝佛龕火且憩禪房榻香積不煩供攜來有烏畚

抄　秋夜感懷

四壁紛〻叫螢蛩一燈耿〻感衰慵漏聲昔共書聲永睡味今兼酒味濃俯仰畢生奚抵足江河萬古枉填胸明朝且赴城南約看取黃花晚圃容

抄 褦襶子

力學爲規蘇季印希榮綬趁惠施車阿誰似此褦襶子
拋却熱官来讀書
計功合許潤千里程勢非徒貫百川阿誰似此褦襶子
拋却天池弄澗泉
四方好副作霖願九野宜霏護日文阿誰似此褦襶子
拋却青雲尋白雲

抄 壽汪孝廉鐵庸兩嗣已先後鄉舉其尊甫亦孝廉
曾作貴州令

積厚流光亶不誣耳君累世飭廉隅聚星何異陳居潁
觀國還同蜀產蘇秀質靈椿扶兩榦和鳴老鳳引雙雛
壽筵擬飣紅綾餡三分尊看降　御廚

抄　初食蟹

岸楓籬菊欲成秋取次追尋落帽遊預喜朝來食指動
樽前邀得內黃侯

抄　戲贈自明方丈

沽來村釀未嫌酸持已精嚴待客寬頓使柴桑老居士
雙眉入社不須攢

卄 讀江磊齋先生摩蒼集 皆遊衡岳詩文

舊疑衡岳在遐荒衆說紛然歷漢唐秩比三公容讓霍
帆瞻九面總隨湘虔誠默禱如皆應洩霧噴雲也未妨
矯首南天思邈往里賢前躅有摩蒼

卄 同魯存燧六登西北山有作

艷艷雲光豁遠峯冥冥雨氣戀長松楓丹猶較栢丹淺
菜綠還分麥綠濃風景昔賢同感慨登臨我輩且從容
君看叔子峴山淚縱有遺碑蘚已封

和元伯韻

開春首賦放歌行更擬遊踪遂向平伏櫪有懷慙老驥遷喬無意慕新鶯君於藝圃勤搜採我亦情田勉耨耕好學敢希袁伯業知幾或許管公明

再和元伯韻

高吟古調追風雅沈醉春筵迭主賓酬酢並宜開笑口江湖何幸得閒身羣公中外圖難鉅老子蓬蒿頌聖神元日晴明人日美農家占定歲和醇

名實從來孰幻真須知名者實之賓商王曾懼實以口

周吏還思名與身千頃汪〻惟在度萬言纚〻枉勞神
何如共約竹林侶排日同斟北海醇

抄 星房新結姻好邀同存之宴賞牡丹倩伊族賢作
陪席閒話及石甫臺灣近事因次元伯來韻

世事百端難自料閒居三徑且同開逢君盛族雙聯席
對此名花共舉杯近托葭莩情倍好遠憐薏苡謗頻來
聖明萬里終能見應為時艱惜此才

抄 思陶邀賞牡丹憶去年此會尚有孫君素亭今已
亡矣感成口號

稼墨軒詩集

一卷

稼墨軒詩集

《稼墨軒詩集》一卷，清鈔本。一册。半葉八行，行二十字，小字雙行同，無框格。開本高二十二點三厘米，寬十四點二厘米。内封有民國二十三年（一九三四）光大中題識。

本書抄録光聰諧詩作一百餘首，皆出自《稼墨軒詩集》刻本，順序亦同於刻本。光大中題識云：『此書爲家明甫叔曾祖在滬時所得，民國二十年夏返皖持贈與中者。中因家有刻本，乃以贈館。兹仍取回藏之。又，此書不知何人所鈔，留以待考。』卷端有鈐印『大中字銕夫一字潄雪』『安徽通志館所藏圖書』。光大中（一八九〇—一九七〇），字鐵夫，桐城人，曾任安徽通志館總纂。可知該書民國間由光明甫贈予光大中，光大中贈予安徽通志館，後又從館取回。

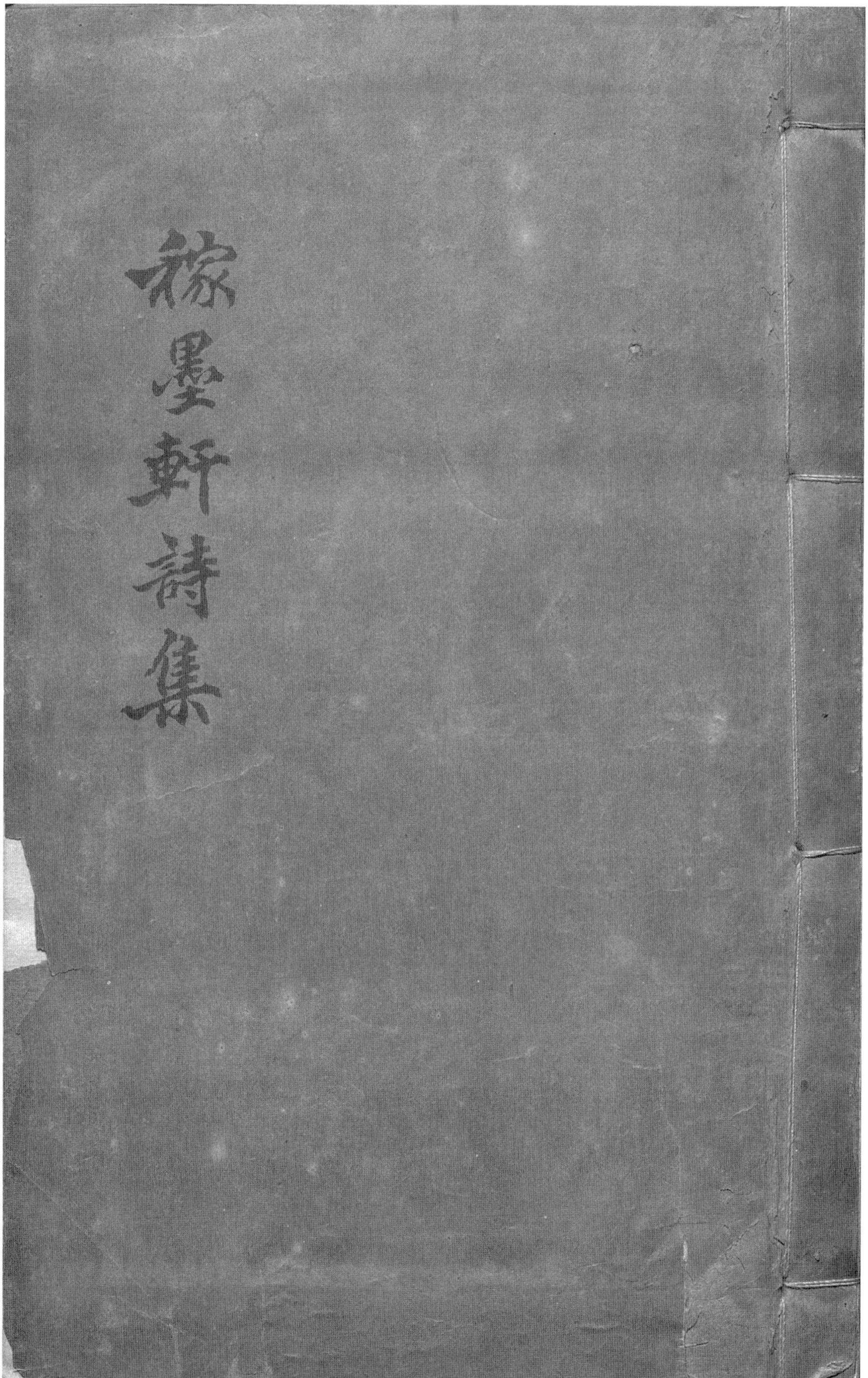
稼墨軒詩集

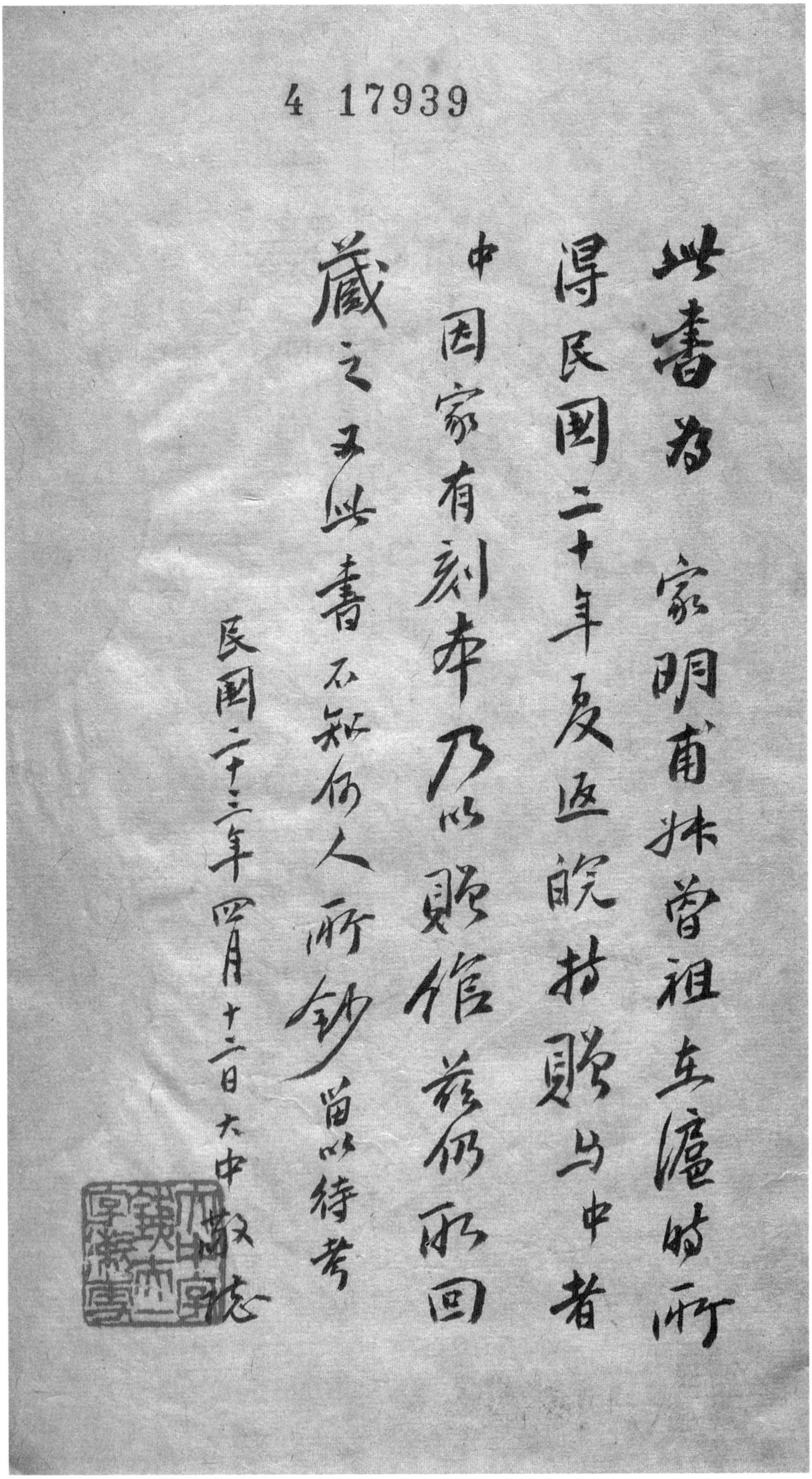

4 17939

此書為家明甫叔曾祖左庵時所得民國二十年夏返皖持贈與中者中因家有刻本乃以贈館茲仍取回藏之又此書不知何人所鈔留以待考

民國二十三年四月十二日大中敬志

稼墨軒詩集

桐城光聰諧立元

。遊俠篇

翩翩遊俠子駿馬飾金羈結束好身手宛轉生光儀朝過新豐市千人共離披胄閭兩龍劍左右分雄雌揮手時玩弄錯落星電馳夜宿北里館新聲發蛾眉絲竹一何繁音響一何悲意輕登徒子氣益平樂兒南山百草折獵涼風吹慷慨嘯匹侶鞍馬相隨追前

林有乳虎後澤有介麋殺虎空此手射麋麗其龜狐兎俱歛跡妖鳥無所遺歸來夜開宴烹鮮切肪脂飲酒三百石神采仍不疲臥聞羽書急起恨雞鳴遲平明策匹馬不待問晨炊天寒已冰雪道遠忘險巇據鞍降日逐轉戰破車師生縛左賢王英風振塞陲功成拂衣去好爵安可縻翻笑竇車騎勒功燕然碑

春暉詞爲徐母王孺人賦

藹藹春日暉依依慈烏飛高堂介眉壽有母紛光儀

何以道母勤機杼飛紅文何以道母儉澣濯服無厭
何以道母恭雍佩聲雝雝何以道母惠任卹不辭貴
何以道母慈鞠育無袒私何以道母教有子才踸踔
大鳳豐羽毛未返崑山昭中鳳庭梧棲和鳴親色笑
醴泉日以清練實日以生小鳳會有時千仞戾太清
客從西方來遺我玉文李持以爲母壽食之緜歲紀
客從東方來遺我棗如瓜持以爲母壽食之顏比霞
南箕恒簸颺北斗挹酒漿持以爲母壽俾母壽而康

谷林寺贈紹參上人

寺門歷幽邃客到不聞鐘風悪疑過虎潭腥定蟄龍

我心頑比石僧臘老如松自匯來香界紅塵豈易逢

江上琴興

彈琴向江水琴意與江深葭菼蒼茫外徽聞太古音

江邨木葉脱江浦寺鐘沈日暮撫商調空林澹夕陰

綺歲

綺歲芳菲感物華蘭閨寂寞憶天涯輕寒不到相思

樹曉日惟烘四照花蛛網迷離金屋成燕泥零落玉
了又此時誰識張公子走馬章臺又狹邪

秋夜聽人彈琴

高館沉沉過疎雨冰簾湘簟靜無暑美人爲我彈素
琴一彈明月出高林是時天清氣蕭爽滿庭梧竹滴
清響泉聲涓涓生夜涼松風謖謖動書幌抑若蒼虬
潛九淵揚若白鶴飛九天嚴爲秋霜草木折温爲春
日花樹鮮天外奇峰指下矗洞庭瀟湘流斷續成連

枉作伯牙師移情必向蓬萊蘂宮調一聲雄出羣壯
士扳劍決浮雲商悲羽怨聽不絕嫠婦幽牎泣鳴咽
一彈再鼓聲漸希梁塵清逐餘音飛彈罷爲君發長
嘆起視疎星淡河漢但令人世有知音千載奚無廣
陵散

自笑

低頭自笑一書鈔如壁黏蝸芥滯坳漫擬擊壺歌老
驥休誇伏櫪斬長蛟時平未忍輕投筆年盛何堪久

繫匏試看五雲高揭處幾多瑞鸝構新巢

贈姚石甫 瑩

姚子倜儻才不羈卓立天馬當風嘶又如冥鴻入寥廓俯視衆鳥何喧卑嗟余弱冠困鄉邑窮臥牛衣羞啜泣童子六七聚爲師朝授支干暮受揖低頭人鬼互揶揄掉臂風騷時出入衆中偶爾豁心胷掩耳而走如弗及春山花滿春江清與君握手皖公城當時意氣爲君傾君言與我不殊調歸來蓬蓽時相召高

談雄辯興騰踔人生相逢貴年少天風吹月海上來
酒酣懷抱得好開雄劍挂壁莫徘徊丈夫功名會有
日吾屬豈許終蒿萊

我有

我有飛鳥翼遍遊天下山安能巢一枝朝去暮飛還
我有騕褭足長驅玉門關安能戀棧豆蹴踏凡馬間
鳥獸亦相告予亦何自賢我若有予心賢聖俱可攀
安能守章句坐令凋朱顔

少年行

之子美無度翩翩繡裲襠曾爲大梁客徵作羽林郎
一諾故人意千金寶劍裝時無不平事歸射南山陽

舟中贈姚洛川 愷

洛川丈人氣瀟灑掉頭自謂不羈馬潑墨著紙奔風
雷崔侯枚叔才俱下挂席秋風江上行犀照牛渚萬
怪迎長鯨百尺水底立吹浪作雨天門傾估客洪商
駴欲絕長年三老噤無聲丈人危坐意不驚浩歌出

吻金石鏗目攬江山勝心懷今古情已看破浪出旋欲御風徑須臾風靜浪亦止搴篷我更從君起把酒掀髯意未終袁郎高詠將毋同未知謝尚今誰是完完明月生天東

有感

有客抱琴至爲余彈古音自言廣陵散千載未消沉人世爭箇耳誰懷山水心曲罷感余意開軒月滿林

早起過方砥如適書室時姚石甫瑩已先至

二子論辯詩法皆甚口余因賦長句調之

賁生拔牛角髯髯獲力扛鼎足騤騤斬蛟更射南山虎未若吾友方姚二子論詩勇最奇問士之年皆弱冠雙瞳炯炯明星爛意所到處風雲開詞欲來時神鬼竄起看庭樹挂朝暾攝衣爰過方子門入室兩人方聚訟就位不更爲寒温方云丈夫貴能立他人牙慧那肯拾但看古來名一家機杼自出非掩襲姚云是謀匪攸聞事不師古徒紛紛仲尼信好述不作子

與私淑意彌殷方云此乃不倫擬令之所稱異於是
請君三日平心思杜自杜耳李自李姚云勝國誇袁
徐曰譏七子性靈疎信陽北地江河在袁徐爐無吹
獻我輩既生千載後風騷正變靡不有世人自詡破
藩籬往往仍隨宋元走同爲優孟假衣冠同爲壽陵
學邯鄲康逵不涉涉谿澗謾稱獨出相抵讕二子負
氣爭門戶腹餒不食日已午一人裂眥欲生嗔一人
攘臂如用武我謂二子論皆然合之則全分則偏

善因而後創可法略貌得無神弗傳君不見垂穎蜂
往來采掇百花中淡取白蕊濃取紅釀爲崖蜜一色
同問其何卉不可窮又不見齊有易牙善治庖鹽梅
醯醢資和調水火魚肉待烹炮味成雖在酸鹹外安
能不取一切空操刀

荊樹杖

荊樹杖三尺強青皮剝落秋蟬蛻紫幹詰屈寒蚓僵
道旁老翁行乞食持此欲語意慘慼自言家住張橋

驛八口長年事耕織牆陰樹柘園樹桑低田種禾高
種麥只知樂歲常歡娛衣食無虧納稅租那識凶年
有離散飢寒難忍同奔竄東鄰少婦顔色殊千錢鬻
去爲人奴西鄰稚子好眉目斗米換來作人僕老翁
有子更有孫孫有乳母無完裙誓願死生無捐棄不
忍離別愴心魂展轉牽攜去鄉縣青草野無黄蒿徧
三日一日過粥饘十村九村絶炊爨畢竟相攜不克
終後先委置溝壑中老翁努力獨不病扶持此杖托

爲命明歲豐穰縱得歸甇甇孤影更誰依我聞此語發長歎古人積貯誠良冀堯湯水旱無時無有備不使民憂虞當宁但歌荆樹杖不須更獻監門圖

兔園冊子

兔園冊子兔園冊子餖飣殘羹誇美旨補綴敗絹矜文綺魯魚帝虎知何似弄麞伏獵洵可鄙外而鄉村内城市十家五家爭習此謂言可以紆朱紫有如醯雞藏甕裏那識日星有恒軌又如蚔黿居井底焉知

江漢爲地紀一二志士求經史羣起揶揄笑冷齒亦
不妨燕雀宜猜鴻鵠翔蕭艾難齊松柏長士各有志
不相商不見江夏無雙漢黄香讀書東觀意猶徉不
見司空博物晉張華著書恒滿三十車勿謂今人不
如古珍藏亦有如冊府奇發靈威秘笈多僻搜宛委
琅函聚窮年矻矻夫何如通天地人始曰儒一事不
知儒者恥渥丹在面汗流珠　聖朝造士惟典籍黨
庠術序皆分積胡不抗志參稽虎觀經慎勿俯首啣

唔覔園冊

西漢鐵鑊歌志言漢武帝移祀南嶽于灊之天柱山鑄四鐵鑊以供事今三鑊猶存

火雲燒空天柱開罔象彳亍夔魖哀絕壁萬仞飛紅埃阿香扇爐金躍冶四鑊初成鄧林赭屠龍瀝血釁巖野鉅公握珍英且雄移祭南嶽光熊熊銜湘九面無祝融精誠降格赤熛怒紛揚霓旌佩寶璐丹璋拜禮神錫祚崢嶸四鑊常不乾一祭不舉鑊乃殘霜銷雨蝕苔痕黶我生千載好奇古鐵鑊歌成懷漢武茂

陵此日愁風雨

古劍行

草堂夜靜鬼神語木葉蕭蕭落風雨鵂鶹聚侶嘯空林蝙蝠躡翅窺庭戶無燄寒燈光轉綠欺人妖鼠穴不伏小童屏息縮頭項短衾恨不遮雙目劃然繞座電光生匣裏龍精三尺鳴邪魅辟易陰雲晴仰見天漢秋月明劍兮劍兮有如此吾今佩爾愧爾実

延陵二子行爲吳伯揩孫埏仲揚孫琨作

延陵伯子氣豪雄颯颯深谷來長風雲驅雨激林莽
振回飈吹裂猿狖宮駿騰羈吊空鷹擊霄漢通三秋
掠編草根白九邊歷盡膺門紅延陵仲子神静謐皎
皎寒潭印秋月波恬浪息藻荇交餘輝掩映鮫人室
松貞性不拔蘭幽香自發結佩荃蘅騷客珍任材梁
棟工師乞二子去我遊琴瑟專一夔摯愁我與二子
過水火調劑牙丁妬五雲旭發天門開金精鎏卮玉
燮階爐烟裊裊冠劍排長庚沈涵非仙才歲遲遊戲

類優俳紫皇尺一手自裁帝車七襄司命來許看動
静契真宰並蜚聲譽充垠垓

豔情

東風一夜長蘼蕪折取瑶華滿路隅柔緒獨抽園客
繭慧心常抱海童珠虞姬有恨花仍舞湘女無情竹
亦枯五馬莫從桑下過兒家夫壻勝羅敷

情懷婉轉兩難知氣候陰晴總未宜蝴蝶夢中花似
錦鷓鴣聲裏雨如絲六張五角殊多忤雙笑單愁詎

是癡門外日聽驄馬過誰家閨閣罷春思
珍珠簾、捲豁春光悄立東風意未央燕、自來鶯自
去花花相對葉相當迴黃轉綠知多少故素新緜、孰
短長漫道相思猶有曲冰弦三載括塵囊
悵望青天不可期海山兜率各遊嬉銀蟾有約依簾
額玉虎無端置井眉水是斷滿、難赴壑花非傾國亦
辭枝人間離恨終何極說與鴛鴦總未知
瓊樓深護九光霞繡陌平馳七寶車佩影搖來星錯

落蕭聲聽罷月橫斜元英未許成佳耦碧玉從知怨
小家一自漁郎無覓處仙源寂寞自飛花

詠史

長戟捎雲劍決霓勳名衛霍有提攜威原可假狐依
虎毒尚難流鴆伏犀三婦豔同歌玉樹兩男權又動
金閨笑他猿臂誇能射老向天山卧鼓鼙

讀史放歌效袁隨園

人皆悔生遲我獨悔生早倘作羲皇以上人二十一

史都不曉今日思昨日昨日已無有後時憶今時今
時還在否祇此當前片刻佳轉眼忽之背我走勿論
富與貧貴與賤好與醜但能有之不能守始知生早
壽亦殤生遲殤亦壽與其爲元會運世初年之大椿
不若爲元會運世末年之蒲柳人生一百年譬之於
坤乾胚胎未坼剖渾沌何茫然呱呱索乳哺還似太
古前孩提知愛長知敬皇帝王霸相推遷機變漸生
習巧譎乃如叔季風俗儇盤古至今在與我誰後先

念我生之初曷嘗不與盤古爲比肩但使古今成敗事迹皆可考即與身歷其境無殊焉況乎平生所爲之陳迹不免魚兔忘蹄筌豈能牢記憶一一無棄捐其所忘者如書缺有間其所記者如史氏能傳一日一尊酒持之對簡編何佞不請劍何賢不執鞭何道德之彥弗親炙何功業之士弗周旋何雄詞異文弗讀何神技絕藝弗憐赤松黃石安期偓佺待養生而老却貧採藥而年延畢竟羽化三山巔天下豈眞有

神仙雅有後來之人歲月餘賦此新詩篇寄之孫曾
元來昆仍雲耳遞傳至萬千直使十二萬年後生者
咸知造物待已之意獨有偏特恐爾時史冊蕃衍如
雲烟慎勿束之高閣貪晝眠徒誇經術腹便便窮年
矻矻宜勉旃

題李南邨擬作龍眠山莊圖

李生李生昨日爲我寫作楚中山水之障已絶奇今
朝示我擬作龍眠莊圖更陸離自云來此已及朞日

日提壺挈榼攀林踏閣窮幽巇龍眠山好夙所知到
來不覺中有疑巨靈開闢乃如此胡為更千百載惟
傳有宋當年畫手李伯時以此躊躇不能去詠芳坐
卧山之陲山鳥自朝暮山花共離披春風曉日千巖
麗夏雨幽泉百道飛山容窈窕秋雲斂林表輕寒冬
雪微胸中邱壑常相契紙上雲烟宛在茲起來揮毫
不停手潑墨安事心力追圖成此幅藏巾笥今日為
君拂拭之我聞此語軒兩眉今之畫手誰能為吾邑

彈丸不足覊當今天下名山大壑生光儀接迹龍眠老畫師

淮陰侯釣臺

淮水悠悠遠送春釣臺終古問淮濱英雄生死兩巾幗楚漢興亡一餓人早識藏弓生觖望未妨帶劍老鄉鄰富春後有持竿者笑著羊裘穩稱身

梅花嶺

東南半壁尚爲家四鎮空憐鶴與沙勝國始終歌燕

子相臣祠墓問梅花迴欄曲檻今池館危堞崇岡舊
鼓笳莫罷椒漿時極目悲風夕起大江涯

觀音山進香曲同汪劍潭端光江素山詩作

湖東女兒眉黛長湖西女兒肌肉香相約明朝打雙
槳大家齊到大儀鄉
梵宇崚嶒湧上臺迷樓遺址未蒿萊紅羊劫盡皈三
寶依舊香風十里來
蜀岡岡頭響法蠡觀音殿上肅靈旗遺簪墮珥紛膜

拜暗祝心香兩不知
香界無端已夕暉蘭橈桂檝各爭飛慈雲別具深情
在只送香車緩緩歸

西湖竹枝詞

人言好景在西湖妾道西湖好景無郎意已隨斷橋
斷妾心長對孤山孤
湖水不共江水流湖舟不共江舟浮儂守湖舟住湖
水歡隨江水泛江舟

南高峯頭雲扯綿北高峯頭雲裊煙南峯北峯雲忽
合阿儂望郎何處邊
岳王墳外草侵裙岳王墳上柏枝新兒家不管興亡
恨戲拾殘甎打鐵人
怕郎作客橫大江願郎作客泛重洋重洋歸來趁潮
信大江潮不過潯陽
蝴蝶雙雙掠鬢飛送郎送到新婦磯今年草長匆匆
去來歲花開緩緩歸

樓船女兒撥雲和風露滿船涼意多鸂鶒鴛鴦都睡
了湧金門外湧金波
阿儂住在西湖西與郎共效鴛鴦棲昨日踏青邀女
伴繞抛艇子上蘇隄
女兒十五太伶俜岸上湖中取次經最憐比日觀魚
港劇愛雙飛放鶴亭
裏湖四面揩鏡新外湖一抹瀉油勻六橋終日妾来
往那更凌波有洛神

上天竺上梵雲浮下天竺下佛日幽阿儂只向中天竺一炷心香爇兩頭

大姨把盞小姨斟儂更爲郎調玉琴願郎心似團團月分照三潭無淺深

淨慈寺畔白衣經送子觀音分外靈隨喜僧厨香積供豬蹄紅與鷺鷥青

一般楊柳一般桃生在西湖十倍嬌竟日冶遊看不足春詞還唱可憐宵

朔風一夜吹湖堤西湖都化碧頗黎林家梅開三百
樹若箇寒香當得妻
畫鷁爭飛寶馬馳西湖寒盡競遊嬉歸來鄰里還相
問笑索迎春黃胖兒

湖上對酒歌

柳青青花冥冥春光澹沱湖上亭烟渺渺水灝灝春
風綠遍湖邊草草中雙蝶飛王孫歸不歸蘭陵美酒
對春暉桃花欲放杏花稀花撲春缸香滿衣

孤山

西泠橋畔草芳菲，徑入孤山訪翠微。高閣當年曾四照，仙禽何日更雙飛。蘇堤窈窕來春色，葛嶺蒼涼送夕暉。明滅霓旌看不定，水仙時擁暮潮歸。

讀史

萋萋首陽薇，煜煜商山芝。叩馬說已誕，輔雉事尤非。漢祖有遠謀，留侯多奇計。指視偉衣冠，聊塞戚姬意。四人只曰皓，黄綺本非名。焉能出爲客，奪人牀第情。

他時赤松旁定與四人遇舉爲世外談一笑破烟霧
丈夫各有志不隨人俯仰季長靡士節臺卿宜不黨
如何鄭康成龍尾視若罔千仞鳳攬輝九臯鶴振響
岱尊嵩自高江永河亦廣
袁氏芟其東皇甫芸其西青青千里草立待成枯萎
奈何執小諒燕雀貽嘲譏辱身尚自可覆國良可悲
禮宗空圖畫傷哉懸軛時
太宗得馮周已恨相見晚那堪不久留言中岑文本

迴念所敷奏一一宜勉行鴛肩長往矣火色難再呈
苦思將奈何欲令方士致肅然隨風來庶幾重論事
詔書雖未下此意良肫肫周也如有知感泣在九原
其前有武帝方士術召李珊珊其來遲屏息坐帳裏
其後有明皇方士術求楊釵盒詎能寄海天終茫茫
乃知貞觀盛雖賴羣策力操之自有由好賢如好色

瑶臺

十二瑶臺挂碧空夢迴猶見海雲紅擕來北斗三霄

露散作東皇一夜風豈有瓊英皆璀璨可知玉樹本
菁葱鸞翟鳳管無消息惆悵鈞天聽未終
羣玉峯頭舊往來相思今隔水雲隈幻如一現優曇
鉢倦比三巡婪尾杯自識心胷成錦繡人言唾咳是
瓊瑰博山鑪在沉香燼珍重珠簾不忍開
蓬山悵望紫煙霏翠水低徊碧玉圍蜀錦裁餘鴛不
散秦簫吹罷鳳猶飛花能蠲怨栽宜早草是將離種
豈肥啼罷子規春又去熏籠倦倚五銖衣

星佩霞裾皎月璫夜深私褻海南香蓬萊未必迷秦
帝雲雨何從誤楚王窈窕碧桃花正放殷勤青鳥信
頻將離心最是蟾宮苦莫羨姮娥七寶裝

窯變觀音像在大慈仁寺

畫手絕無吳道子塑工難覓楊惠之西方真面不可
見昆吾狡獪時能爲尋常三日不絕火罷成方長並
圜楕貧民朝夕利用彩胡爲開窯萬罷如死灰髻鬟
辟暴胥難材火精所聚發奇怪大悲尊者從胚胎寶

冠峨峨綠雲帔白衣偏袒露雙臂左捧金輪右拄頤
似欲宣揚第一義鸚鵡靜無言楊柳深含翠善財龍
女夾座侍彼宜巧笑此善歸疑是當年一火成不然、
甕色難爲類嗚乎此事論理殊不經傳之既久姑忘
聽六合廣、大容或有昌不曠、觀啓戶扃君不見蟹匡
穀稃岩石乳往往具有瞿曇形宣武城西尋古剎僕、
人催歸車載轄梵唄依稀已不聞斜陽欲下駝鳴圖

雨歌

徹夜砰訇鬭急湍曉來雨歇尚餘寒漏痕滿壁蝸何
喜霽色懸巢鵲自乾把酒未嫵稱戶小攤書只恨少
庭寬門前泥濘稀車馬成就先生作冷官

茶山

好是江南二月天茶山風暖日暄妍相邀盡在聞雷
後結伴同來禁火前小摘手如巖蜀嫩清歌舌比谷
鶯圓韡紋封臆矜殊品采罷言歸趁晚煙

蘭墅

九畹香來迴絶塵藝蘭臭味若爲親騷人結佩遵湘
澧遊女搴芳涉洧溱清露灑同芝圃潤光風轉自蕙
田新不須更訪羅含宅暫領微言即飲醇

貞女篇 并序

貞女爲涇邑朱封君聘妻封君未娶而卒貞女
守志歸其室爲立嗣今六十矣嗣子蘭坡 拵 侍
讀徵同人爲詩余爲賦此篇

女貞無連理葳蕤淩雪霜匏瓜無匹儔三五自輝光

相攸得良與有美才且英十二誦詩書十五能文章
十六學擊劍十九精邊防爲人意慷慨一飲連百觥
秋風吹戶牖哀怨起清商君乃向黃泉妾未拜姑嫜
惸惸寡弱質禮教自分明束蒲何青青嘉穀何穰穰
雙石何學學五絲何煌煌燦燦朱韋設宛宛緜絜裝
黏膠與乾漆一一羅妾旁羣言盡捐棄那不摧肝腸
未著嫁時襦先洗門內妝君生遠君室君歿即君房
夢中維我儀兩髦見君長誰言君無妻機杼鳴東廂

誰言君無子佔畢在中堂脊鴒試急難螟蠃遂相将
十二誦詩書十五能文章二十歌鹿鳴三十登玉堂
四十侍講帷皆言啓沃良篤人志皎潔一擧覽圓方
天書五色來綽楔門閭光其内飾曾青其外緣縞黄
其上書擘窠翁艷照路旁來者方歎息去者更審詳
夫何如積善有餘慶

懷蓉山

何來傲骨太崚嶒勁節於今見未曾卧轍縱令如涸

鮒傍人那肯學飢鷹賢追原憲兼貧病交愧山濤有
辟徵我亦十年滯華省思君挑盡草堂燈

書山谷集後

天下幾人學杜甫用東坡句玉溪而後有涪翁千秋枉逐
邯鄲步此老猶存兀奡風南渡文章才就弱西江宗
派論非公當年頗愛陳無已香與南豐一瓣同

詠史詩并序

謝藴山中丞曹儷笙相國舊皆有詠史長律近

鮑覺生侍郎王楷堂廷紹刑部亦各爲數百首奇思方溢雋論絡生選事考辭飛聲振色洋洋乎美矣盛矣昔楊鐵崖作新樂府以詠史弇州亟稱之以爲天壤間自成一種文字然其繁簡疾徐消長進退固不因心未有形格勢禁如長律之難爲者也余才思孱劣又以簿書堆案摶遠不能謹和數章姑塞鮑王兩先生之意異時獲閒願終爲之

始皇

秦地關河百二重輼輬歸去忽傳烽宮中鹿已迷臣馬道上蛇真哭祖龍蓬島不迎天子使桃花先避大夫封羨門高誓知何往化作興朝石與松

項羽

苗裔神明曠代逢雙瞳今古幾人重功依卿子知難立情向虞兮本易鍾百戰已完三戶恨一身猶化五侯封直教本紀先高呂大筆雄才兩不庸

范增

鴻門不覩劍光紅何異椎來博浪空未授秘書圯上
老定傳奇計楚南公果然三戶雖能復可奈千金間
忽通骨鯁形容殊婦女衰年多事起江東

韓信

將兵將將本無妨何事猜嫌起漢皇趙壁已驚來假
使齊廷尚喜得真王天教神鼎能全據人歎良弓不
早藏畢竟暮年思猛士大風歌罷意蒼涼

曹參

文終約束懿侯遵四海相安化若神丞相閑門不事
事先生開說自入入兒歸有犯難辭杖客至無言但
飲醇從古紛更皆誤國葢公堂畔草恒春

周亞夫

兵機神速走藍田營壘還看細柳堅皇帝不容馳入
壁將軍偏許下從天相無縱理能三咽吏有深文到
九泉鞅鞅韓侯同抱恨未蒙葅醢主恩偏

蘇武

節旄落盡卧穹廬肯信人生果露如海上應無羝作乳禁中忽有雁傳書名王自昔懷弓繳胡婦從今怨比疎見匈奴傳辮髮之飾也最是故人難話別河梁握手淚盈裾

班超

等是邊庭奉漢威義陽博望績猶微王侯涕泣求依倚城郭馳驅供指揮虜已斷頭巫已滅虎真食肉燕、

真飛多情只愧移中監關外臙脂載不歸

袁安

青鳥此日未傳經已有書生說地形可是三公占吉壤遂教四世翊明廷洛城早卧當門雪楚獄曾空貫索星餘慶自緣陰德起山川能語果誰聽

郭太

八尺儀容信偉然往來郡國總翩翩雨中巾折傳爲俗河上舟迴望若仙乾象夜窺知進退人倫日負異

周旋碑文似此纔無愧較量平生得幾篇

題黄嘯村文炳行看

蘸門仙人不可尋鸞飄鳳泊失奇音惟君灑落風塵外契我寂寥山水心未必踏𧖴豪自許豈容食雁語相侵此圖息壤須同記歸嘯異時明月岑

搔首

搔首何由誤馬曹青雲悵望九閽高送人作郡情偏冷與古爲徒意故豪早歲夢吞韓愈篆深宵醉看吕

虔刀何當縱獵天山外兩角鷹隨四尺獒

飲酒三首

欲謝高陽舊酒徒奈聞野鳥勸提壺春能及物偏遲
我霜已緣顛暫避鬚懶學神仙餐玉液蓋言仕宦作
今吾古人細數誰堪羨狂客歸來賜鑑湖
且爲黃鸝進一卮漫誇白鳳吐微詞早年讀史輕文
苑深夜看星識酒旗南郭濫竽空有恨東方執戟敢
言卑浮花浪蕊紛無數採得天香蝶未知

大美由来不可兼世人那信取傷廉黄金争向生前聚白髮難從死後添省識日盈還月仄漫勞鵲浴與烏黔甕頭酒熟君須醉醉看春花自舞檐

睡起

人事悠悠不可知升沉雲水會相期舍魚何處求熊掌蒙馬空勞用虎皮豪末自明薪自暗靈椿爲速菌爲遲午牕睡起無思慮笑謝長龜並短蓍

松湘浦相國書虎字歌 世傳其字能辟邪魅

我公立朝稱殿虎人見我公殊媚娬我公居塞爲虎
臣人服我公柔羌渾酒酣神威起胷次狂呼疾走書
虎字滿堂動色風蕭蕭恍惚山居隨筆至畫虎空傳
虎之形繡虎空擅虎之名不如攘臂一揮幅三丈虎
之精神意氣都從八法生書罷真堪臥鳳闕看罷還
疑動參伐懸之荼壘且不前何況水蜮山魈幺麼物
吁嗟乎希夷福壽徒焜煌天師罡斗亦尋常惟有晦
翁所書孝弟忠信禮義廉恥字上爭日月星河光人

心邪慝胥攝藏我公此字其頡頏

龍爪槐在陶然亭西北一小寺内畧似槐體其枝幹頗具騰拏之勢名爲龍爪不虛也寺傍一樓堪遠眺爲覺生侍郎再爲翰林學士所建戲作龍爪槐歌呈學士

東坡賦詩稱槐龍或疑坡語失形容豈知南柯有異派排雲攫雨追奇蹤東家纔如兔目視西家纔如鼠耳弭森然忽作鱗之而直與長松矜爪指三年一度

眄花黄採得驪珠不用忙迴憶舊時遭點額冷淘滋味最難嘗守宮命名同蜥蜴那不具體學騰擲郎中休道甲辰雌生意婆娑良可惜宣武城南恣遊覽幽寺入門花木擁中有此槐見未曾舉手欲攀懾不敢僧言寺僻遊人稀近邀學士停驂騑玉帶未容留璀璨佛樓卻與建崔巍從此遊人不辭遠登樓常看翠微晚頗因學士祝此槐更加三公一命衮

富春行送孫雲本巖同年宰桐廬

富春有水寒且清我昔泛之觀仙瀛富春有山秀而逸我昔登之攬於越山川靈淑必鍾人漢唐傳者多隱淪先生補屑恣歌嘯故人加足移星辰孫郎本是金陵彥利器藏身經百鍊政餘想見事幽尋山容水態開生面夔龍事業重山卯中天何用學巢由憑君寄語沈寘子　聖人在上可以仕

寄懷劉金門先生

當年才俊滿江東珊網全收一氣中句水總知歸大

海萬花何以報春風朝端夙望宜槐列世外遐心肯
桂叢　聖主不須賢左右鋒車先戒免匆匆

消寒會分詠嚴子陵釣臺

婦翁成仙友作帝煙水一竿別有意倘求富貴倘求
仙未免隨人作生計巨君鯨鯢已就封餘盡蜆蝦羞
釣筒一竿下垂二百載引起南陽高臥龍

三閭大夫廟

史遷作傳論尤公賈傳投書怨本同從古蛾眉困謠

詠至香草乞童家我來沅澧搴蘭芷夜讀離騷泣雨風差勝前賢祗遭際愧將詞賦詡雕蟲

楚中懷古

興廢何關樂與哀楚中名勝且徘徊欲尋郢雪今無曲聞道章華舊有臺地闢沅湘流霸氣天生蘭茝誘騷才揚塵未便愁車馬快意雄風取次來

前有三閭後賈生楚南懷古不勝情澧蘭沅芷馨相接日日離騷卷裏行

武陵

溪影嵐光下上蒸紫秔黃稻熟連塍人生縱使當平
世也合移家住武陵

細雨辟塵隨意灑涼風驅暑稱心吹前邨蠻笛嗚嗚
起似唱劉家舊竹枝

三神山遠阻洪濤秦帝東巡枉自勞洞口桃花應發
笑眼前仙境讓逋逃

桃源不識卯金刀常恨秦真萬世豪打槳閒來爲説

破此漁功並項劉高
雞鳴處處紫煙蒸犬吠村村瑞靄凝信有人間勝天
上不須舐鼎學飛昇
有緣才許證仙班枉向丹頭論大還不見瞿童沖舉
去黄師猶自滯人間

馬底驛

肩輿看山無停蹤一日過盡千芙蓉江瑶雖美不細
嚼味安能得腹徒充今朝午歇馬底驛新鷹[秋]爽吹涼

風脱冠披襟盥櫛罷開牕暫見青濛濛峯妍石醜態
不一默爲審顧嗟神工天女散花髮抹額朝官趨闕
笏正胄蜀立千尋聳奇峭屏開九疊穿玲瓏踦如孤
鷹斂霜翮奔如萬馬齊風駿連如接臂飲猿狖離如
據掌蹲獅熊回顧晨朝所來徑依微若綫沒莽叢前
代德化未漸被溪蠻盤瓠勞遠攻穿岸爲室避炎暑
壼頭困倒矍鑠翁　皇圖今茲本無外日月所瞶開
恒雺縱有梟獍思竊據大軍斬刈如蒿蓬百餘年來

置郵設平平蕩蕩歌山中鳴乎平平蕩蕩歌山中得
不仰思 恩湛濃

飛雲巖

一卵一壑聳嶙峋非煙非霧飄輪囷石耶雲耶誰幻
真我謂石乃雲之根雲結奇峯尚可捫是石與雲本
不分萬年巖竇乳沄沄罡風吹盪成螺紋此中疑有
豐隆魂兜羅妙蔓妍可欣白衣蒼狗變何紛大海蕩
蕩騰鵬鯤如幢如蓋如車轓徑欲來之謁帝閽羅施

雖遠聖化甄光耀蒙昧開狉獉宜有秀穎超其羣
何況此山能降神學爲慶嵩捧日輪蒸蒸蔚起觀人
文

遊牟珠洞二十四韻

黔山外無秀有美盡藏中不竭冥搜力焉知造物功
牟珠傳古洞道左闢幽叢始藉天光白旋憑炬火紅
詭奇張萬彙變幻駭羣衷已眩離朱目還熒晉曠聰
音摹鐘鼓磬形擬象獅熊寶現層層塔春彌六六宮

建章營未廣阿育造難工往者龍蛇窟難邀屐齒通
榛芟開窈窕泉洗出玲瓏到此塵懷滌都緣石乳融
磴攀迷上下壁轉混西東敢憚崖摩頂聊隨嶂偃躬
每循途偪仄時獲境穹窿闃寂無聲到谽谺有氣充
搜奇方掖隸押險屢訶僮塹詡千尋阻濤驚萬派雄
垂紳廬岳瀑脫箭呂梁洪乍可觀崖略何能究始終
仙源嗟杳杳遊興惜匆匆林屋幽深似仇池詰曲同
乘軺來暑雨歸路值秋風繼跡知誰氏題詩認雪鴻

與吳蘭雪嵩梁中翰論詩

詩人底事苦雕鎪，藝也終當與道謀。縱謝鉛華歸澹泊，略無懷抱即俳優。李唐趙宋時原異，律句歌行體不侔。一以貫之能曰唯，請君自在棹中流。

須然根本在胷中，人事天機互有窮。格欲稱心裁始密，句從無意得尤工。韓蘇博大休嫌雜，白陸頹唐亦自雄。譬彼千燈同一燄，各誇龍鳳鬬獅熊。

江陵八觀并序

昔東坡在鳳翔作八觀詩記可觀者八事皆跬步可至以告欲觀而不知者余來江陵亦得息壤諸蹟可觀者適符八數相距皆不越數里因效東坡之意各記以詩似於政教風化有關不但爲好事者之遊觀已也惟詞致鄙拙不足追躡前人是可愧爾

息壤

在南門外西偏禹王廟内舊説鯀竊帝之息壤以湮洪水又云息壤是一石狀與江陵城同又云禹導江至荆定泉源之穴以石室鎮之陷入地中掘之頗致雷雨又云

石室中有物正方上鋭下廣非木非土非金非石其紋如篆即息壤也東坡曾感之賦詩後鮮有繼者

稽古黄熊承帝命九載未愈懷襄病妄思哀王托五行竊來息壤與水競豈知神之幹盡功乃在疏排順其性羽山竄徙日就湮息壤漂流應無剩異代好事吁可怪强指石室相左證雕鐫既仿後城邑唐虞那得從前定或言石室中有物形殊質詭難窮竟瘞埋不見誰折衷大氐其術近厭勝畚鍤所及輒風雨父

老遺言要可聽鎮淮瀆鎖烏支允開蜀峽挽黄斗勁
山經豈必盡荒誕此種作爲由大聖後人未可誇神
奇且與勤修隄防政

孫叔敖墓皇覽以爲在江陵故城中白土里今沙市有大冢如阜即是俗呼爲遨遊冢又曰敖玉冢

城濮肆譎謀郜陵陳王命當時論伯業頗謂齊桓盛
孫叔相芊莊後來知所鏡但擇楚令典已服陳與鄭
大國信難圖未可輕決勝縱使快一朝禍将旋踵膢

伍參實美臣那能識遠夐奮其區區智刺舉晉師病
王心遂大惑遽改南轅令京觀雖未築怨毒已從孚
他年呂錡矢射令共目迸迴憶指掬舟輕重豈相稱
長于郎師小人戒干柄莊業遜齊桓坐叔用未竟閱
今數千載此論孰與定高塚留沙津往來咸致敬再
拜陳此詞九幽其喜聽

絳帳臺　在城内西南巋然一阜傍臨池水上偃古樹如蓋舊傳爲馬季長教授之地今鴉鳴鵲噪日夕不絕俗又呼爲老鴉臺

城南有崇阜灌木森巑岏朝夕啼老烏如聞發長歎
詰烏歎若何烏請以臆言漢季南郡居講堂開此間
高居懸絳帳綷縩裁氷紈帳後充白緑帳前羅儒冠
皐比一何嚴薌澤聞鬢鬟函丈一何肅嘈囋雜管弦
盧鄭不屑顧諸生魂未安猶云此小節大德固有閑
奈何頌西第操筆不汗顔西第頌尚可奏固無心肝
呀呀言未已白日頹西垣我非公治氏頗能竟其端
譜之爲聲詩百世宜鑑觀

石槽在荆州府治内長一丈四尺寬二尺八寸高一尺四寸内深八寸口厚四寸舊傳爲壯繆飼赤兎馬者今以飼他馬輒病蓋有神護云

馬中赤兎人中布此語流傳疑謬誤馬能擇主歸髯公馬乃俊逸真如龍戰酣歸来日已夕肯與凡蹄同一櫪公也愛馬如愛人早斷山骨搜雲根審曲面勢憑巧匠製成寬博殊常樣飽爾石粟鳴蕭蕭陣上風雲出此槽令名文則皆披靡一心成功良有以公歸天上馬從行槽不能舉爰留荆千年呵護有神力牽

飼他馬馬不食吁嗟乎三馬同槽入夢中馬槽今日皆飄風

鐵女廟

在城西偏明遼王作碑云唐時有孫某監鐵冶之任坐事被囚其二女痛父冤遂投爐死化爲二鐵人有司聞於上卒釋其父罪今二鐵人猶存

貞婦單化石孝女雙成鐵造物匪好奇將以勵風節已燎孰嚮邇未濯誰執熱如何揚鞴風同赴火爐滅姊豈妄摧殘妹豈輕毀折相顧各悲辛阿爺在縲紲欲脫髫珥贖曾無嘉肺設髮膚固宜愛天屬庸可絕

深愧緹縈智敢請千莫拙蹈此甘如飴萬一感朝列方謂燄燄中應如珏並裂詎料譆譆問竟比蓮同茁躍冶豈不祥寓形乃終吉大吏果以聞況寃詔與雪廟食千百秋錚錚無少缺此事傳李唐定非天寶日響來必依聲影出莫違梟不見號與秦治容方趨闕

天王寺古鐵寺在南城外五里古鐵約數千斤志言宋岳武穆征楊幺貯火藥於此寺燬於火合諸軍器鎔成此鐵歷元至明沒宿莽中冶人屢思竊去輒大雷雨不敢動順治戊戌僧水鑑重建此寺移入寺中

臨安朝綱錯無數聚六州鐵莫能鑄百戰百勝岳家
軍不遣北驅遣南駐湖湘羣寇小跳梁偏裨勦之亦
相當乃煩我公駕艅艎天弧所射非天狼二聖引領
悲窮荒二聖悲猶可七陵怨最頗剗盡松楸若罔聞
哀籲祝融來降火赭袍絳幘光熊熊前飛朱雀後燭
龍有劍不堪烏珠胸兀朮國朝譯改烏珠 有矢不貫婁室瞳
置之閒地塵埃封匣不一炬歸大鎔鎔成巨鐵藏羣
鋒此鐵千年寄幽憤雖托空王憤未盡人偶犯之雷

輒窘鐵手吾謂爾計乖爾旣如人憤滿懷何不飛去
朱仙鎮打碎秦奸十二碑

象鼻磯在沙市上里許觀音寺前元至元間廉訪使賽因不花因岸形如象鼻加礱馭石以固隄遂稱爲象鼻磯又製尊勝石幢一於寺內賽塔前以鎮水患

蜀江西來幾千里橫齧江隄勢不已老象舒鼻與之
爭大波遠掣狂瀾徙從來象力誇陸行江頭蹲踞龍
亦驚錢唐破陣屏不舞隄乃屹立如金城象兮象兮
爾莫測斂形忽化長磯石馮之楗築有元臣磯不傾

頹石不泐鎮以摩雲窣堵坡攝以寶幢經梵多孰云無鈞不可制劘歸水涘常嵯峨吁嗟元臣功已善吁嗟我朝圖更遠君不見大防外綱亘虹霓歷歷沿防九大件乾隆戊申六月江陵水溢命大學士誠謀英勇公阿桂湖廣總督畢沅大築萬城隄上下計八十餘里鑄鐵九牛分列隄上鎮之

撤公桅公諱君錫字賓王絳州人寓荊州訓導崇禎十五年李自成陷夷陵荊門湖南巡撫陳睿謨渡江奉瑞王南奔城遂不守賊至公正衣冠坐明論堂罵賊不屈賊縛置旗桅射殺之前十餘年桅猶在公安門麗譙上士人咸稱為撤公桅

一木難支大厦危一身足樹綱常維節使親藩誇疾走司訓畀官能爾爲西望夷陵突豕豨北望荊門張梟鴟守陴無人關四闢倏忽賊已登前墀整冠危坐何巍巍戟手厲罵何聱聱賊怒長繩肆綑縛置之城頭百尺桅萬矢競射血肉飛萬目慘觀涕淚揮百餘年來桅已朽時見遺鏃出城基爾時賊亦瀰吾鄉卒有抗節如解揚崇禎壬午張獻忠圍桐邑卒竇成爲所得脅令招降成僞許之二賊挾至城下成遂以賊糧乏外援且至呼告城上人賊磔之城根石上至今陰雨血痕宛然

賊怒磔之城石旁迄今陰雨跡猶彰嗚乎石有磷泐木有折忠義之氣恒不滅

周忠毅公宗建玉印歌為裔孫石浯鶴立明府作

玉印方寸温且厲上鐫季侯周公字閱盡滄桑二百年文孫得自嶺海裔茄花當年未遍地委鬼未敢稱千歲奥窔之中只暗憑疇先發摘周忠毅人言如鼠不足忌公謂爲蝇莫可制一丁不識語刺心三木囊頭命遂致當時此印腰間佩竟不與公同玉碎逮娩

盧陵玉帶生近儕高邑鐵如意文孫文孫好胄系恭肅倡前忠毅繼兩代擊邪無避畏恭肅公諱用爲忠毅公之曾祖曾請治中官黎安罷後澤貽留永弗替何況文孫當平世纍纍若若功可遂良臣即本忠臣志君家有美宜世濟

題石落所藏龍眠揭鉢圖卷

石落示我所藏龍眠揭鉢圖絹素完好無糢糊審視精彩溢絹上當爲元明好手之臨摹贋鼎雖非岑鼎貴論價那便同康瓠適子筆妙不可得但得抹繇已

悅愉幅長三丈博一尺描繪形狀怪可吁優曇石上結跏趺阿難卓錫迦葉盂天王努目奮戈杵晶熒一鉢抛路衢中有小兒手足拘是爲鬼母第九子愛根牢繫焉能除嗟爾鬼母攝食孩嬰千萬餘出爾如斯夫假令五體投地服厥辜佛定慈悲開鉢歸爾孥胡爲一念嗔發不可以自制虢召木精草怪鱗醜介彙毛妖羽孽奮臂思當車共穴而處如鼷駼躡跡而走如駏驉賁曳三足行跦跦鮫戴一角舞蘧蘧或幼眉

目憑鄂樹或化脛股從朽株或舁巨石擬扛輿或據
枯查學乘桴鳴儔嘯侶待麾使鬼毋威儀尤絕殊寶
扇日月光華舒旌罕前導飛隼旟鳳冠翹首顫雙珠
裎衣飾體颭五銖天然姽嫿出水渠左右夾侍十麗
姝前後環繞八嬌雛大者及肩已兀兀小者在抱猶
呱呱安忍一雛陷鉢內指揮羣魔併力爭前趨此鉢
扃鐍有佛力揭之千辛萬苦費踟躕交植四柱縛轆
轤長繩繚繳羣拽竽鼓聲淵淵邪許競失勢一斷同

駭肝維手拮据口卒瘏斧破斨缺齒折櫂智勇交廢皈正途然後女羈男角均無虞降魔心苦嗟浮屠摹本猶能具髮鬚爲想伯時當日解衣槃礴經營初還君此圖爲君謳我與君皆奉教儒忝爲民牧須求芻赤子懷保能遍無去害焉者盡勉諸薙拔大本莠並鋤制其要害降魔如此圖能與治道符張挂奚異銘座隅不然徒充耳目之細娛縱得真跡胡爲乎

觀我觀物詩 并序

曩在京師鮑覺生王楷堂兩前輩和張船山觀我四題曰生老病死觀物四題曰仙龍鬼蝶余牽人事未能共爲今來江陵石落明府從余借閱覺生詩集遂和八題並因仙及佛因龍而儷以象因鬼及怪因蝶而儷以蟬書冊見示余亦不禁棖觸依和十二章鮑王兩公皆不及見矣撫今思昔爲之惘然

生

造物勞人是此途桑弧蓬矢憶懸初拋荒歲月難無忝撐拄乾坤始不虛幾輩貪來真似蟻阿誰舍去竟如魚電光石火須臾事那得離思未掃除

老

休期羲轡返陽戈勿逐流光感逝波伏櫪有懷終遐踔據鞍無恙肯蹉跎憐他蒲柳姿先隕信我桑榆景尚多洛下耆英如再會擬從末席唱巴歌

病

六氣從來不敢淫無端二豎忽相侵因之悟道緣非
淺藉以偷閒味轉深已瘧漫勞歌杜甫愈風何待檄
陳琳神完此日中堪恃笑卻甘苓與苦參

死

到此纔能識故吾從人論定豈容誣文章可便成麟
角事業何堪托鼠鬚不作閻羅終是懶未歸兜率總
嫌迂爾時一事宜歡喜勘破輪迴有與無

仙

天漿餐咽記吾曾雲笈鑽研詎未能纔到蓬壺偏引却迴看雞犬竟飛昇世無大藥容相假古有長生不足徵寄語蜉蝣休擾攘逍遥終是讓鯤鵬

龍

惆悵函關紫氣空淒涼渭水大星終後來餘子皆蝦蜆那更爲靈托雨風劍躍津亡元渺渺杖投陂化亦匆匆乖遭割耳癡遭醢漫倚虛形媚葉公

兕

精氣遊魂互變遷有無底事問重泉斷余骨相多三
甲遭爾揶揄已十年哭甚悲哀緣作字使如臂指為
求錢高明不必勞相瞰屋漏時時見帝天

蝶

羅浮仙子骨瓏玲幻化南來種不同試問夢中依漆
叟何如花裏活秦宮日薰香暖魂宜醉雨漬紅銷色
是空辛苦滕王留粉本年年似續賴東風

佛

縱令學道阻高堅肯傍空門托淨緣何肉周妻難侒佛愛河苦海或逃禪好花時亦拈來悟明月同教指處圓文字語言求解脫不知若箇得真詮

象

星精曾記散瑶光未許奇姿阻大荒競羡聲華依輦重可知蹤跡渡河香生元有齒非關賄動本無鈎不礙狂會與天龍同蹴踏摶勞全力笑獅王

怪怪

曾然温帯照滄波更執齊諧費揣摩爲底書空常咄
咄只縁見少遂多多虛言花月能成魅不信文章易
著魔訊末求端將自滅世人其奈欲聞何

蟬

肯使泥塗久辱之翛然今見出塵姿飲惟曉露心同
潔吟遍清風響未遲搔首愧余方禿鬢彈冠喜爾正
髯緌寒蛩埋砌蝸黏壁應羨居高得穩枝

萬城隄口號

上磯磯立號楊林下磯磯立稱觀音更有黑窰挑水壩洪流逼去大江心

江流無碍始安流頤與慈悲大士謀九級浮圖化長钁隔江劃却窖金洲

穴宜填蟻洞填玀裏外撑幫總要寬高打石磯低著跺年年三汛報瀾安

竹編萬籠盛山石排比江干護岸虛最喜節交霜降交霜降後堤丁來報有泥淤

吳江周恭肅公畫牛小幅

灩溪溪上煙雨昏牧人自牧歸烏犍乘犍涉溪淪波翻鼻舉尾掉蹄沒痕中流流深幾及臂踞其背者如刺䑳長脛下垂著短褌斯糾有笠風中掀囬首顧後疑有言似招牧侶返柴門牛得夜咀人夕飡白川尚書風節敦主方眷顧隆厥思胡為畫此思田園得無薰猶不並存當路豺狼已肆吞　明農有志終弗諼呼乎明農有志終弗諼秦奚齊戚安足論

石落過訪留飲署東茅亭歸賦七古二十韻見懷
贈依韻奉酬一首

東園緑陰漸成幕萬卉雖残景不惡公家事了一開
恍置此身在巖壑未肯誇豪谷飲崇那能稱道圃射
矍但期把酒細論文暫謝冠裳與帶博當關幸報佳
客至倒屣旋呼大斗酌我輩方容禮法踈此時莫厭
世情薄升沈宦海論且置馳驟藝園能豈索舉世競
逐狂瀾翻何人觧持爝火爝古來作者幾豪雄邁往

從之破坼罅急開新義兩折芭務去陳言風掃禪會心自可反三隅耆顧終當窮九洛半生與世炭讐冰一旦逢君納入鑒眼中突兀見經環紙上紛紜遺滓粕托根泰岱肇不搖導源星宿遠難涸但得聲聞是小乘欲證清虛須大藥鄭龕一指豈屬饜齊雞千蹠堪調膗抱此區區恒鬱湮為君一一陳崖略新詩罷拜抵瓊瑤褒論榮加適狐貉呼童重整玉闌干飭廚再洗金鑿落茅亭期君月夜過共聽繞池蛙閣閣

紀夢

主人髫齔已負奇年過二十猶苦飢低頭齷齪不稱意强作三家村塾童子師析句讀授千支虎觀之經未暇以武究兔園之冊不敢以武譽有如鷹斂翮焉受羈仰天大叫歌偪仄欲從夢裏覓恬熙乘車入穴古無有夢魂與意相隨追春風一夜到蓬華百花爛漫開滿枝披石磴坐竹籬瓦盆濁酒醉酴醾一飲百慮失再飲萬事宜三飲興更豪飲罷夢悠思不知何

名勝卜居構茅茨前後溪環抱左右竹參差喬木上
參天枝葉何離披有桃李梅杏有琴書畫棋有童頑
鈍隨猿鶴有友過從侶鹿麋年少似是李鄴侯年長
似是陳希夷鹿門德公行尚健驢背浩然興不衰南
山處士吟帶索東林老衲笑披緇相與陟山巔步水
湄躡虎豹泛漣漪垂獨繭出修鰭或歌或咢或竹或
絲不知元黄之亭毒不知烏兔之奔馳不知草木之
榮謝不知陵谷之遷移但知一尊酒春秋冬夏晦明

風雨喜怒哀樂出作入息常如泜忽聞羽書急烽火
照邊陲天子勤宵旰大臣議撫綏詔舉奇材異能擢
用當以不資縣令朝至府尹暮來咸云丈夫當許國
安用老死巖壑共弱草以腐靡未必被文繡不如泥
中曳尾龜矧今天子神聖大臣開城布公下及僚采
百執事咸不自私豈使衛青李廣奇為國除患難
功成三尺筆垂竹帛銘鼎彝至于再至于三敦促不
得辭一旦幡然作再拜謁彤墀面陳平戎策天子不

瑕疵謂此真經濟非迂疎寡效傳癖書癡推轂拜大將綬何若若印何纍纍敕賜天廄飛龍馬詔許當殿騎閶以外事無小大便宜緩急將軍主之拜詔入軍門左秉尚方劍右建螢弧旗點兵三十萬搏戰如虎貔指揮盡如意駛若摧朽萎縛胥都禽谷蠡走冒頓絕漠雖手斬樓蘭頭飲月氏到處勒功績不獨燕然碑抗稜奇幹布德冒耏符拔擾廄招賢服轙林邑貢象安息獻獅茵鸖短狗致于甌鄧紙蜀江歷來于雕

題奄蔡白草鄧至黄着蒲萄栗弋玫瑰波斯朱丹青
碧琅玕琉璃夜光明月蝳蝐靈蠵大秦之所珍身毒
之所產莫不時其方物尋橦度索來享來儀荒徼靜
謐斥堠不施歸來見天子天子大歡喜笑曰女能成
功實慰台謗書盈一篋息壤不盟亦不疑小臣感激
齋浴涕洟稽顙委地不能一詞天子明禋祀郊外槩
壇壝告成功於天地山川社稷神祇坐明堂飲至策
勲賞賚官爵各以功之多寡不爽豪釐千金賜參貳

萬戶封偏裨下詔問所欲小臣不用分茅胙土爲子
孫貽但願聖天子端拱化無爲舉凡兜鍪鎧甲劍戟
鋋鏦藏之武庫包以虎皮其有釁藏建櫜不盡者銷
鋒鏑爲鎡錤治定制禮等姬旦功成作樂邁后夔君
必法堯舜臣必學皐伊官箴不貪墨民俗不澆漓爲
子必孝爲父必慈朋友必切切兄弟必怡怡齒必辨
長幼分必明尊卑夫子不嗃嗃家人不嘻嘻女不荒
織紝男不廢耕耔頒白不提挈總角不韘觿夜晚不

閑戶道路不拾遺富者不太厚貧者不太虧衣服卻
錦繡器用進瓦甍門闕有象魏訟庭無榜笞不聞疾
病夭札但見康樂期頤在頂必黄髮在口必白髭在
兄無死弟在父無死兒在夫無鰥曠在婦無孀嫠使
四海之外六合之内咸奉教於仲尼説禮樂誦書詩
立如齋坐如尸仁義浹髓骨教化入肺脾異端遠逃
遁不滅而自隳墨翟空悲染楊朱空泣歧莊生空齊
物老子空守雌陋釋氏之二乘三藏縱使妄言禍福

心性吾民之愚者亦不被其欺風雨以節寒暑以時和氣洋溢感召祥祺鳥生鳳與凰獸生麟與麒鱗生龍與鯉介生龜與貾生木生松柏生草生蘭芝不生夔蜩蛃不生魑魅魌不生螟蟦蟊賊害禾稼不生蚉蝱蚤蝨噆膚肌小臣生此日惟欲擊壤拊缶共田父野老順帝則忘帝力不識不知寵錫非所願富貴非所期陳情未畢天子曰噫眇眇余末小子托於億兆臣民之上安如泰山安危如纍卵危思上天下地飛

潛動植何者不同胞與等於百骸四肢一有不得其
所何啻手拳曲足痿痺惟兹一二疑丞輔弼余一人
實賴扶持定地紀柱天維明由佐燧金提臣羲六相
黄帝四岳伊耆舜五臣以共理武十亂以同治周宣
中伯降於岳殷高傅說騎以箕自昔帝王皆有倚毗
苟如予之棄軒冕則為社稷宗廟蒼生黔首攸賴者
其誰小臣再拜稽首恐懼忸怩匪高不事節力弱難
肩仔聖天子兢兢業業翼翼孜孜祚緜億載永奠丕

基人各有能有不能函斗之任不責於鼒大厦之棟不問諸榱已懋書鶴更愧古嚴帝時容巢許王時容務隨詔謂賞賚大典不可以人廢烟霞錮疾不可以爵縻其以天下名山大澤幽林邃谷清泉白石供遊嬉州郡具輿馬水衡給斧貲勿令道塗憂旅羈再拜稽首天子癸默祝吾皇福禄脕出都門馬騤騤百官祖餞臨通逵道旁觀者咸嗟咨披鶴氅戴接䍦後隨崑崙奴髮短背一鴟水行資舟檝山行資楯欙欲窮

宇宙異不憚踵趾胝北上太行山羊腸九折路逶迤
輪折車摧不肯退精誠上謁女媧祠常山寶符天下
脊無恤徒揆代可窺東登泰岱觀日出羲和上天騰
六螭誰云海水不可測一泓渺若杯棬桸吳閶匹練
雖未覿坐看若木短於薺西指終南有佳處驅馬遠
過梁與岐天外三峯削太華花開十丈蓮峯池其右
藍田產美玉璪瑯瑊玏珣玗琪江源濫觴流不絕遠
自岷山下峩嵋亞山十二狀合沓朝雲暮雨高唐姬

南登嶽麓求玉牒祝融一峯最欹崎連峯接岫含霞
霧蒼煙緜亘生九疑匡廬五老共矍鑠彭蠡二姑多
奇姿武夷枯查尚撐拄羅浮丹桂猶葳蕤東西南北
任探討歷盡神州赤縣險隇陜更闢崧高維中岳石
室石柱流石脂歆之裁一滴壽擬日月猶倍蓰以此
神飛動馬首向河淇忽覩一山當路起伏見宛若龍
躨跜尾蜿蜿角觺觺豈是霖雨徧天下高眠不作鱗
之而山中雲煙互變滅三士磊落立厜㕒問其名姓

笑不答鬚眉冉冉飄風颸一聲長嘯化作三白鶴恍
然魂魄别趾離起視鐺杓猶在御中庭春日影遲遲
兩株楊柳夾池岸翻飛紫燕鳴黃鸝徒倚樹下清風
吹不語却顧長思惟或笑或喜或憂悲餘酣未盡舞
僛僛語拏旁觀且莫嗤爲我典衣沽酒三百石千秋
樂事今在兹安能降心抑志終年終月終日坐皐比

姚瑩

桐城姚氏先塋記

姚氏先德傳

姚瑩

簡介

姚瑩（一七八五——一八五三），字石甫，一字明叔，號展如、東溟，安徽桐城人，姚鼐侄孫。嘉慶十三年（一八〇八）進士，歷任福建平和、龍溪知縣和高郵知州、兩淮鹽運使、台灣道、廣西按察使等，終湖南按察使。姚瑩於文學、吏治、軍事均有建樹，著作甚多。姚瑩師從姚鼐，爲詩、古文、詞，『洞達世務，激昂奮發，磊落自喜，論事之作尤能自出機杼』。

（劉聲木《桐城文學淵源考》）

桐城姚氏先塋記

一卷

桐城姚氏先塋記

《桐城姚氏先塋記》一卷，清藍格鈔本。一册，毛裝。半葉八行，行二十字，白口，四周雙邊，單藍魚尾。框高二十厘米，寬十一點五厘米。版心下印『自怡軒製』。卷端無題名，此據原簽條著録。

全書收録《五世祖參政府君先塋録書後》《宗譜見存人數記》《先塋記》《宗譜辯誤》《吴興餘姚會稽郡縣考》《姚氏分族考》六篇文章，其中《吴興餘姚會稽郡縣考》未見於《中復堂全集》。

五世祖叅政府君先塋録書後

家譜托始於勝三府君者相傳先本餘姚有仕於安慶者悦桐城山水家焉即勝三府君也佚其名勝三蓋字也昔五世祖雲南布政司右叅政景暘府君痛元末兵亂失先人墓乃自三世祖仲義府君以下葬地世次支派詳録之明成化二年作先塋録自是子孫時有記載十一世祖職方府君遂據以作譜勝三府君前無考故托始也瑩謹按先塋録云余家自高

自怡軒製

祖勝三府君世家桐城大宥鄉之麻埠河而未言何
代再傳文二府君先塋録云曾祖文二府君即登科
録名子華者此言登科録亦未詳年代以塋攷之蓋
元中葉也元有天下三十年至仁宗皇慶二年始詔
行科舉延佑元年甲寅八月直省舉行鄉試南人取
合格者七十五人而江浙二十八人又明年會試一
時榮其選故登科者咸以著録意文二府君中式其
在斯時乎先塋録又云文二府君元末避難行至壽

墳頭卒年七十五遂葬於彼後失其處按元史余闕傳廬州盜起河南陷郡縣至正十三年行中書省於淮東起闕副使僉都元帥府事分兵守安慶拓官十日而寇至至正十三年是為癸巳又縣志至正十九年己亥明太祖將廖永忠攻克樅陽九月徐達擊趙普勝於浮山意文二府君避難當在此數年以癸巳計之上距宋亡之歲己卯適七十五年以己亥計之上距元世祖至元二十一年甲申亦七十五年是文

自怡軒製

二府君生於宋亡後元世祖至元十六年或二十一年間也勝三府君卒年九十六以二十餘生子推之當生於宋理宗寶祐開慶之際固宋元間人遷居當是中晚年事由此言之吾家以宋元之際遷桐而登科始自文二府君在元中葉確矣謂自明景泰庚午叅政府君始登科者非也四世祖贈黃門府君諱顯生於明洪武七年甲寅卒於宣德九年甲寅年六十一五世祖雲南叅政府君諱旭生於永樂十五年丁酉

卒於成化二十二年丙午年七十惟三世祖仲義府君生卒無考按叅政府君磪基文簿序云余家世居麻埠河祖仲豢府君始因兵發與查林蕭氏同居後生我先考黄門府君始復麻埠河祖地居焉此云兵發當即文二府君避難時仲豢府君配妣蕭氏此云同居不知為贅壻耶抑婚後依之肰其年揔當逾冠則生於元順帝元統前後間也至洪武七年四世祖生度其年已四十餘矣又四十餘年五世祖生未知

及見幼孫否先塋録惟云祖仲義府君以下皆某家居時躬親展祭不言親見則五世祖之生仲義府君蓋先亡矣惟不及見故三代以上事不能詳述此叅政府君所為深痛也歟道光二十年庚子七月十八世孫塋謹跋

宗譜見存人数記

道光丁酉宗人修譜成再逾年刻本至臺灣得以考吾宗見存人数及支派之隆替焉溯自一世至四世惟贈給事中宗顯與弟宗達兩人而已宗達公下亦惟七世廷珠公瓚至今十九世存一百五十六人廷美公瑋至今十九世存八十人未為支也贈給事中五子獨雲南參政旭後繁衍至今餘卒再傳或四傳而止雲南參政五子世衡公機再傳梅軒公釆五傳

自怡軒製

其有後至今者翠林公相世寬公秉及瑩六世祖杏林公楫也翠林公長孫松岡公在至今十八世存八十五人第三孫松窩公場有四孫廣西叅政若水至今十九世存二百有四人元石巾石上洛兄弟至今二十世存二百六十七人杏林公亦五子其二僅再傳四傳惟秉岡公璧至今十八世存十六人松苓公珂至今十八世存七十七人皆不甚衆而以石崖公琭子葵軒公希廉一支為大葵軒公瑩之八世祖也

石崖三子紹泉竹軒兄弟皆止三傳獨葵軒公至今二十一世存九百四十一人仕宦科名人物稱盛皆公後也雲南叅政第四子世寬公栗亦五子其三不傳傳者槐庭公琨至今十九世存一百七十七人庭方公瑭至今亦十九世存一百四十六人綜計道光丁酉修譜之歲麻溪姚氏存丁二千一百四十九人上距乾隆乙邜惜抱公修譜時存丁一千七百者增四百四十九人此以見盛世戶口之滋生而吾祖自

自怡軒製

宋末歷元明及今且六百年而子孫益衆非盛德其能若是乎又以葵軒公下諸孫隆替考之公子有六長南車公承虞至今二十世存一百三十一人次眷和公祖虞傳止十六世次即瑩九世祖贈光禄大夫自虞至今二十一世存三百八十六人次景華公本虞傳止十四世次欽所公賓虞至今十九世存四百一十九人次翠亭公昉虞至今十八世存者五人耳以丁言莫盛于欽所公後吾九世祖畧遜以科名仕

宦人物言則南車公與吾九世祖相埒吾祖抑又過之𦙍此第即今言之耳安知異日之隆替又何如哉吾桐大族人或萬計𦙍海内數江南望姓必曰姚氏豈族之盛衰又不盡以衆寡計耶夫衆寡之數存乎天者也若賢知之事則人皆可以奮勉凡吾宗人惟盡其所當為者以求合于天焉庶幾延世之道乎道光庚子十一月十八世塋記於臺灣道署

自怡軒製

先塋記

形家言世族盛衰由葬地詳矣而儒者陋之謂其渺茫不如觀德是二說也未可偏廢世有無德而驟興者矣未有不德而能長世者也天道有常不能無變地理豈有殊哉人受天地之中以生而地與人實近蓋地儲天之精生人猶之母感父精生子靈蠢強弱受之父母成德達材則存乎其人猶之富貴壽考受於氣數忠姦賢佞氣數不得而梏之也人道裁成天

地豪傑不得於氣數猶自能千古不朽況得於地氣者乎吾家之興在明中葉于今四百年矣賢哲代生簪纓相望江南稱世族焉儒者言曰明德之遠形家言曰地氣之祥自先德傳成明德既有徵矣地形之說亦誠有不誣者姑即本支記其始末俾吾子孫有以觀焉

其記曰地理之志始自漢書而形家亦云地理何也理者條理之謂自禹貢九州以山川分紀脈絡分明

言地理者祖之以定郡國而論形勝者亦祖之以察
氣運地氣之運必循脈絡苟非脈絡所在則氣不運
行地氣不行人生何由盛乎地理明而脈絡可辨此
形家所以言地理也桐城麻溪姚氏始興之祖塋曰
錢家橋吾一世祖故居而三世祖考四世祖妣之所
葬也五世祖參政公以進士起家考與妣亦葬焉四
世祖考贈給諫公塋于蕭家衝亦稱善地六世祖杏
林公七世祖石崖公若妣八世祖葵軒公十世祖妣

自怡軒製

方夫人皆葬大窊口益盛大以至于今若方山若栲栳若峽山者吾族大宗所同祀焉乃吾小宗則松茂嶺楓香嶺長嶺之三芝菴形家皆以為吉綜而計之自始祖至塋十八世而葬地吉十五皆在桐城復有江甯之小山為十世祖考芳麓副使兆域其形勝不下峽山乃詳其地形脈絡於後

吾鄉左先生殷薦撰桐城地脉記曰桐城山皆發脉於潛之天柱東南六十里起香爐尖下有黃土關入

桐城分二幹左為大幹右為西幹東南至三芝菴折為長嶺轉東南起分水嶺二姑尖踰老關嶺起華崖山由是至黃草尖金字寨旂嶺土脈嶺過小關起洪濤山綿亘一百餘里西北諸山皆從此分出其大幹中行東北起喜子峯入廬江縣六十里起白兔山冉起平頂山左為大幹北去右幹旋轉復入桐城為縣東之右幹西南行至大窊口入桐城特起大山為龍王頂即大窊山也奇特如獅百里內皆見之俗名獅

自怡軒製

子地龍王頂迤運而南復起一頂隆高而上平中有
大石寬廣一畝如鏡上嵌大鐵錢數枚徑三寸許不
知何代人所為頂下東南四里即六世祖杏林公妣
江太君七世祖石崖公妣方太君墓也山界廣東北
跨廬江三十里西南周山之麓迤運南至錢家橋皆
姚氏
錢家橋者在麻埠河西其原自龍王頂分枝東降平
岡至樊家岡復分三枝中為正枝由羅家舖過峡至

老人塝發石馬灘盡于郜家橋府君廟左水由石婆嶺至青竹澗口會羅昌河南行右水自三聖廟前行過呂郎橋錢家橋至麻埠河兩水會合南入石溪一世祖勝三公居錢家橋西即三世祖仲義公妣蕭太君四世祖妣范太孺人五世祖參政公妣余孺人墓崂峣者自二姑尖折而東南三十里至萊園嶺分脈東南為縣治脈起黑宬嶺即挂車嶺也南起倒觀尖又南起放鷹尖左分枝行葛家嶺西至扁擔衝東南

自怡軒製

至土地嶺過峽橫起大嶂左分枝東至龍井衝中枝南起峼峔尖最為峻聳在縣治西北倪太夫人塋此山之陽

峽山蕭家衝者東右幹南至屋脊山右分枝西南起雞籠山又西當高店過峽南過伏牛嶺起峽山十一世祖職方公墓在焉昔副使芳麓公歿職方公卜葬峽山而尚賓公以為江甯之小山吉遂葬小山職方曰峽山非弱吾其塋此及卒端恪公兄弟遂奉安焉

啓視乃石山土穴世所謂猛虎跳磵者也峽山之西脈左分枝行蕭家衝西至韓山口而止四世祖贈給諫公墓在蕭家衝即外家地而廣之

方山者大幹出華崖山自丈人石東北至楊家大山頭分脈東南起北黃草尖東北為唐家嶺分脉起虎頭寨南過試劍石嶺南分一枝至清泉寺即谷林寺也寺後北行折而東南過油坊嶺當魯洪口之左東北為方山九世祖贈光祿公墓在焉下為平地過呂

亭驛起小岡曰走馬岡東北盡沙河之内魯王河
松茂嶺者屋脊山南過會宮又南至分水嶺穿塘過
峽為二脈其正脉起抱龍山在縣東百二十里又東
過會心嶺南曰苦椎山過峽東南起鳳冠山山右分
小枝為黄華正脈自鳳冠山過白沙嶺東起標鹿尖
至大茅竹左枝南起槍山盡羮湖賽右枝折而西北
起磨盤山過伏子嶺折而西行長衡之左至松茂嶺
十二世祖妣夏夫人墓在焉先尚書端恪夫人也

三芝庵者自潛之天柱峯東南行六十里起香爐尖過黃土關入縣界之西幹東南至三芝菴折為長嶺

先高祖贈編修公先曾祖編修董塢公妣張夫人合墓在三芝庵後伯祖惜抱公配張宜人祔其右長嶺尚在墓下萬山圍聳深廣二十餘里界桐城西北潛山舒城三縣閒

楓香嶺者自唐家嶺分脈東行折而北其左枝東行至小龍尖又南行至楓香嶺十三世祖妣張安人先

高祖妣任太恭人墓地

宗譜辯誤

道光丁酉桐城麻溪姚氏五修宗譜十八世元之自京師寄世系一册于宗人曰吾族郡曰吴興而吾祖實遷自浙江嘗徵諸歷朝傳表矣梁征東將軍諱宣業封吴興郡公其先世居吴興而世系可紀則自征東始此姚氏之為吴興郡也又舊譜云唐梁國公謚文獻諱崇派傳一十八世有仕安慶者悦桐城山水居焉考梁國傳云陝州人為梁征東四世孫陝州之族亦出於吴興第未識遷陝歲耳是

自怡軒製

吾祖爲梁國之後矣又考梁國公八世孫諱餘慶官冀州
觀察使判官遂家焉人稱北姚又遞傳十家世爲宋高宗
敷文閣學士諱鎬扈駕南渡封沂國公遂家會稽所居曰
姚家大府令人稱姚家圩不知何時去府加土旁爲圩沂
國生一子諱範封汝南郡開國公汝南當紹定二年八相
吾祖之遷當恭帝德祐相距僅四十餘年則仕安慶者自
爲汝南之子矣但汝南子三桐之族爲伯氏後與爲仲氏
季氏後歟未可知也遷桐二世祖嘗回籍修家乘舊譜因

之自無差悮惜遭兵燹淅之後裔雖有續修於其遷出者槪不之詳遂無由考而自汝南上溯梁國為十八世又上溯征東為二十二世則有可考者爰據歷朝傳表編其世系寄存族中備考十七世烺取載譜末云廣見聞十七世景衡非之貽書元之曰一世以前贛州舊譜所云原無確証先君子非不之見特以遷桐始祖名字已不可考故以可考者為一世祖而詳著其義於序愚與海内同宗者談及譜牒無不曰出梁國公然天下之姚果皆其後也耶吾

自怡軒製

家職方公老譜固曰自餘姚遷桐未嘗曰會稽也會稽與
餘姚雖同隸紹興究之會稽自爲會稽餘姚自爲餘姚固
不可混然則會稽之姚家大府與餘姚何涉也且漢志注
云舜後多居餘姚故名其縣亦可知非南渡後餘姚始有
姚矣宰相世系表可信者唐以前重門第而譜牒之學存
焉安史亂後河北藩鎮跋扈羯羠內侵燕雲淪陷故家世
族流徙四方而譜牒之喪亡於兵燹中者不知凡幾其遺
際時會建立功名之士欲自託於往古名臣之裔如郭崇

輯蓋甚夥矣顧於千載下取而証之毋乃過歟譜者傳信之書也信以傳信足矣毋庸傳疑先君子述餘姚遷桐語於一世之下雖不載以前之祖而亦未嘗遂忘以前之祖也為人子孫在自振其精神攄其心胷以為祖宗光至祖宗之榮則終無與於子孫事矣欒郤胥原降在皂隸史既不乏目擊者又豈無人惟宜以此義訓勵畀幼冀復有梁國出耳無慨惜焉情馳於久斷難續際也魏晉閒重門望積習相沿姚姓始興正在六朝之際故唐叙望族劉有二

自怡軒製

十五王有二十一而吾宗止吳興南安二望已耳宋以後望族日重而郡號之錫已無不惟出吳興南安外者無郡可稱即南安後嗣無從詳其先世者亦姑就世所最著而可考者本之此吳興之姚所爲獨盛於今日幾不知復有南安之望矣且望亦何常之有假令有來告曰唐初之望不可再增將以爲然否耶先君子修譜不標吳興而曰麻溪職是故耳往在京師晤秋農侍郎亮甫中丞均泥此三字愚不與辯也十八世塋曰伯昂世系考往在京師嘗見

之未及檢考今以庚甫叔之言考諸史傳伯昂有四誤焉昂云梁征東將軍諱宣業封吳興郡公其先世居吳興此語蓋本唐表而以姚氏為吳興郡始自征東者非也吳興之姚實始三國吳時太常卿信之父名敷者蓋自虞舜生於姚墟因以為姓在春秋為田氏王莽時田豐子恢避莽過江居吳郡改姓為嬀五世孫敷復改姓姚居吳興武康表言甚明今不託始於敷而以征東為始何耶吳興之姚自太常信後六世郢為宋員外散騎常侍五城侯七世晉

自怡軒製

提為梁高平令八世僧垣仕隋開府儀同三司北絳郡公
二子察最察為隋太子舍人襲公子思廉仕唐為左散騎
常侍修文舘學士豐城縣男思廉孫璹仕武后為相次子
班戶部尚書班孫齊梧左金吾大將軍最為蜀王友最子
思聰左庶子七世孫發右領軍衛將軍發子南仲右僕射
見於表者察最以下凡九世表又云陜郡姚氏亦出自武
康梁有征東將軍吳興郡公宣業生安仁隋汾州刺史安
仁子祥隋懷州長史檢校函谷都督祥子懿嶲州都督懿

三子長元景潭州刺史次元之相武后中宗睿宗元宗三元素宗正少卿表載元景以下一世元之以下六世元素以下四世唐詩人秘書監合盖元素後也細檢唐書列傳不但元之雖出武康實為陝郡姚氏即陳亡後察還京兆為萬年人亦非復吳興人矣其猶稱吳興者始祖復姓所居也盖武康之察硤石之崇皆得同稱而尤以武康未遷者為的今伯昂託始征東則惟崇之一族得稱吳興將以察之一族實居自吳興者何稱乎其誤一也

自怡軒製

察與崇二族皆自南而北遷其自數以下本族固猶在武康也太常信後八世未必皆獨子意居吳興之姚不知凡幾固不得以察與崇二族盡之第不知梁時高平令菩提與征東將軍宣業是否尚為一族抑已分族耳蓋由吳興之姚自梁至唐惟萬年硤石二族最著而本族不遷者絕少聞人故湮没不彰然不得以遷族之故而反忘其本族也支派既繁或以仕地遷居或以亂離蕩析皆事所必有故漢以來姚姓自數始復則天下之姚皆為數後皆得被

以吳興之稱其不可稱吳興者獨南安姚弋仲後耳晉書載記姚弋仲南安赤亭羌人也其先有虞氏之苗裔禹封舜少子於西戎世為羌酋其後燒當雄於姚罕之間則西羌之姚本亦舜裔及弋仲後歷萇興泓帝於中原支族皆在長安故關中之姚甚衆皆弋仲後也六朝時關中之姚頗盛於吳興然南北不相混也自察與崇二族由武康北遷而為萬年硤石嗣是南姚不可復辨矣徧檢正史自唐以後舊五代史書列傳有姚洪為梁小校率兵千人戍閬

州本傳未言何處人歐書同又晉書列傳有姚覬京兆萬年人曾祖希齊湖州司功叅軍祖宏慶蘓州刺史父荊國子祭酒覬仕唐至中書侍郎平章事入晉為户部尚書贈左僕射歐史云覬京兆長安人以萬年為長安此歐史誤也察後以此為最著宋史列傳姚内斌平州盧龍人初仕契丹歸宋為虢州刺史改慶州兼制置使在郡十數年西夏不敢犯塞號姚大蟲子承贊為供奉官閤門祇候使承鑒至殿中丞又姚坦傳曹州濟陰人益王府靖善知鄧光

二州又姚仲孫傳本為曹南著姓曾祖仁嗣陳州商水令因家焉父曄進士第一著作佐郎仲孫仕至陝西都轉運使權三司使事出知蔡州又姚渙傳世家長安隋開皇中有景徽者為晉州刺史卒子孫遂家晉州渙第進士知峽涪二州又姚兕傳五原人父寶戰死定州未言何官兕為通州團練使卒於鄜延總管贈忠州防禦使與弟麟有威名關中號二姚麟仕至都指揮使節度建雄定武軍撿校司徒卒贈開府儀同三司謚武愿兕次子古河東制置使

自怡軒製

又姚佑傳云湖州長興人元豐末進士仕至延安殿學士
工部尚書知太原府卒贈特進謚文僖又姚希得傳潼川
人景定十六年進士度宗時叅知政事以資政殿大學士
金紫光祿大夫潼川郡公致仕卒贈少保又姚鉉傳云廬
州合肥人太平興國八年進士京東轉運使終舒州團練
使子嗣復永城主簿又姚興傳桐州人湖南兵馬副都監
以四百騎當金人十數萬戰數十合援兵不至死謚忠毅
又姚宗明傳河中永樂人四世廬墓慶歷初有司以姚氏

十世同居闔於朝詔復其家後又三世孝睦不替三百餘年無異辭以上姚氏皆有傳見於五代史及宋史者也中惟萬年之覬可知為察後長安之涣可知為弋仲後耳湖州在宋時仍為吳興郡長興武康皆其統縣則長興之文僖乃真吳興本族也由武康而入長興不知何代然宋以前湖州無長興縣或即析武康地為之耶若盧龍若曹南水若普州若五原若潼川若合肥若相州若永樂皆姚之望族其為吳興後耶南安後耶皆不可得而定矣吾族本

自怡軒製

自餘姚遷桐宋明以前餘姚未有聞人則竟已耳必求一聞人而依託之此狄武襄之所不肯也吾五世祖雲南叅政始為譜錄十一世祖職方修之皆云遷桐以上始祖無考慎之至也乾隆間十五世贛州太守三修族譜乃有梁國公後十八世遷桐之言未知所本惜抱中丞二公去之仍從其舊以闕疑此百世不易之論也而伯昂復沿贛州說以桐城附梁國公後其誤二也

伯昂叙遷桐以前世系自征東將軍宣業至十一世南昌

主簿圭猶有唐宰相世系表可據惟以大理司直蘊為怦有異其十二世冀州觀察判官餘慶十三世承事郎仁安十四世瑀不仕十五世永安尉延十六世彥威十七世文元皆不仕十八世贈戶部尚書綽十九世贈禮部尚書秋鴻二十世贈兵部尚書槖二十一世敷文閣學士中大夫同知樞密院事贈崇政殿大學士沂國公鎬二十二世樞密真學士兵部尚書紹定二年入相金紫光祿大夫勳上柱國汝南郡開國公謚安惠範言之歷歷以瑩考之實不

自怡軒製

足據天下之人衆矣非功德才望有聞於世正史不爲立
傳至若宰相則人臣之極位關國家治亂賢不肖皆爲之
傳以昭法戒或其人無足傳至若除授必書於本紀及表
此漢以來史法也考伯昂所叙自餘慶至秋鴻皆名位卑
或不仕史無其名猶云可也如叙鎬爲同知樞密院事則
宰輔矣又云範爲紹定二年入相此二人不惟宋史無傳
即宰輔表亦無其名本紀亦無除授二人爲相之事鎬同
知樞密院事雖兼參知政事葛洪參知政事袁紹同知樞

密院事鄭清之簽書樞密院事表與紀傳載之甚明豈可
誣耶由此言之所云同知樞密之鎬紹定二年入相之範
實乃子虛烏有不知伯昂所據何書大約浙中私譜伯昂
不能援正史以糾其妄乃反援之以素吾宗且云吾祖為
汝南之子豈知宋世固未嘗有入相紹定封汝南郡公其
人者哉此不知浙譜妄撰而輕信之其誤三也
瑩初不知浙譜誤自何人伯昂系云鎬隨駕南還遂家會
稽豈即會稽姚氏之譜耶按宋史地里志云紹興府會稽

自怡軒製

山陰嵊諸暨餘姚上虞蕭山新昌是會稽為郡雖同而縣則會稽自會稽餘姚自餘姚也吾族上世自餘姚遷桐雖餘姚未有聞人然地則必不可以相混即以桐城言之吾族自為麻溪其別乎麻溪者尚有會宮之姚瓦岡之姚白岑澗之姚香舖之姚凡有五族其四不知所自來而未嘗混通夫一縣之中且別族有五各不相通乃取會稽與餘姚二縣而一之其可乎哉此其誤四也

嗟呼人莫不有祖誣之不可無其事而為說猶之夫誣之

也伯昂自云徧考傳表何以有此失良由惑於贛州舊譜一言又不知會稽族譜之無據輙喜而附會之耳烏知正史具在考之固未詳乎此瑩所不得不諍者也

自怡軒製

吳興餘姚會稽郡縣考

漢書地里志餘姚縣屬會稽郡

三國無志

晋志吳興郡注云吳置統縣十一此吳興名郡之權輿也統縣十曰烏程臨安餘杭武康東遷於潛故鄣安吉原鄉長城

晋志會稽郡統縣四會稽注云平陳郡廢及廢山陰永興上虞始甯四縣入大業初置郡是會稽縣並有四縣之地

矣句章注云平陳併餘姚鄞鄮三縣入是句章併有餘姚
三縣地矣剡諸暨隋無吳興郡而有杭州餘姚郡注云平
陳置統縣六錢唐富陽餘姚於潛鹽官武康
唐志湖州吳興郡縣五曰烏程武康長城安吉德清
杭州餘杭郡縣八曰錢唐鹽官餘杭富陽於潛臨安新城
唐山越州會稽郡縣七曰會稽山陰諸暨餘姚剡蕭山上虞
明州餘姚郡縣四曰鄮奉化慈溪象山
宋志臨安府餘杭郡縣九曰錢唐仁和餘杭臨安富陽於

灊新城盋官昌化

紹興府會稽郡縣八會稽山陰嵊諸暨餘姚上虞蕭山新昌

湖州吴興郡縣六烏程歸安安吉長興德清武康

自怡軒製

姚氏分族考

姚氏古有二族一曰南安一曰吳興晉書載記姚弋仲南安亦亭羌人也其先有虞氏之苗裔禹封舜少子於西戎世為羌酋其後燒當雄於洮罕之間七世孫填虞漢中元末寇擾西州為楊虛侯馬武所敗徙出塞虞九世孫遷那率種人內附漢朝嘉之假冠軍將軍綏戎校尉西羌都督此至弋仲歷萇興泓三世帝於長安宗族支庶皆在陝中寖及燕晉齊魯皆其後也是為南安姚氏之族吳興之姚

始自三國吳時太常姚信北周書姚僧垣傳云字法衛吳興武康人吳太常信之八世孫也曾祖郢宋員外散騎常侍五城侯父菩提梁高平令僧垣以善醫名仕至驃騎大將軍開府儀同三司封北絳郡公卒年八十五子察在江南次子最襲爵在關中及隋平陳察至自以非嫡讓爵於察還蜀王秀友至王府司馬秀陰有異謀帝令公卿窮治其事皆推過於秀最獨曰凡有不法皆最所為王實不知也榜訊數百卒無異詞竟坐誅時年六十七論者義之

陳書姚察傳字伯審吳興武康人也九世祖信吳太常卿
有名江東察以文學顯仕陳吏部尚書歷隋為秘書丞北
絳郡開國公終於東都梁陳二史皆察撰未畢功子思廉
卒成之
唐書姚思廉傳本名簡以字行陳吏部尚書察之子陳亡
察自吳興還京兆遂為萬年人思廉以著作郎弘文館學
士撰梁陳書以卒父業終散騎常侍豐城縣男陪葬昭陵
孫璹字令璋初為中書舍人封吳興縣男武后時仕至地

官冬官二尚書弟班歷六州刺史政皆有績累封宣城郡
公遷太子詹事兼左庶子節愍太子失道班四上書以能
諫稱終戶部尚書
按此周陳唐三書是姚僧垣及子察皆自吳興而入關中
為京兆之萬年人與姚崇之為陝州硤石人者非一族也
唐書宰相世系表姚姓虞舜生於姚墟因以為姓陳胡公裔
孫敬仲仕齊為田氏其後居魯至田豐王莽封為代睦侯
以奉舜後子恢避莽亂過江居吳郡改姓為媯五世孫敷

復改姓姚居吳興武康數生信吳遂曹尚書八世孫僧垣
隋開府儀同三司北絳公二子察最
察為隋太子内舍襲公子思廉弘文館學士豐城縣男二
子燈豫州司户叅軍燈二子璹仕武后為宰相班户部尚
書璹二子長昌演諫議大夫次昌沛班四子昌原昌潤宣
州刺史昌温昌濟而昌潤子循隸次喬梸將作大監循棣
子殷覿面昌温子齊梧左金吾大將軍
思廉次子惲符寶郎襲封城公惲子敬文一子行表鄴王

自怡軒製

府司馬子崇桂太子司議郎子希齊湖州司功叅軍子弘
慶蘄州刺子弘慶五子王斧孟瑜晚泗洲參軍琦璘
最為蜀王友子思聰左庶子子慎盈壽州刺史慎盈曾孫
績曲沃令子元宋城令子發右領軍衛將軍子南仲右僕
射子袞大僕寺主簿
表又云陝郡姚氏亦出自武康梁有征東將軍吳興郡公
宣業生安仁隋汾州刺史生祥懷州長史檢校函谷都尉
子懿嶲州都督文獻公長子元景潭州刺史次子元之名

崇相武后中宗睿宗元宗三子元素宗正少卿
元景一子孝孫壺關令
元之長子燊鄧海二州刺史燊五子闓越州長史閬郫令
闓貴鄉令閲太子司議郎闢河南丞閶二子像門下典儀
倓太常寺太祝閬三子倍須山令倫揚州大都督府倉曹
叅軍但閶二子侑黃梅令次子伾侑二子承宗珙霍山令
闢二子倆經主簿偕監察御史倆子昴諫議大夫偕子烈
殿中侍御史内供奉

元之次子异大理卿三子闓左拾遺閈不仕闊洛州參軍
閎子伻寶應令悟襄王傅愴淮寧節度押衙攝鄧州刺史
惇朝城令惕華原令伻子冊陸洋令冊子增滎陽令均金
華令蘊大理司直蘊子頲浙西館驛巡官圭南昌主簿進
閈子恬憕
元之三子奕永陽郡太守子闓侍御史闓子恒都水少監
愷惕松陽令愐右監門率府兵曹參軍沈恒王府主簿惲
左千牛衛兵曹參軍

元素子弇楚州長史馮通事舍人算隔陽令弇子閑潤州
司戶參軍闇睢陽太守右金吾將軍馮子闇餘干丞論豫
州司戶參軍算子閑臨河令閑子合秘書監
以上姚氏見晉梁陳北周隋唐書本傳及唐宰相世系表
者如此蓋吳興一族又分為二自是以後天下郡縣多有
姚氏
舊五代史唐書列傳姚洪本梁小校長興初率兵千人戍
閬州城陷不屈死明宗置洪宗二子於近衛歐史同按二書皆

未言何處人

舊五代史書晉書列傳姚顗京兆萬年人曾祖希齊湖州司功參軍祖宏慶蕪州刺史父荊國子祭酒唐末帝求相書朝中清望官十餘人姓名置瓶中焚香而挾之得盧文紀與顗遂拜中書侍郎平章事入晉為戶部尚書卒贈左僕射　按歐史云顗京兆長安人宋

宋史列傳姚內斌平州盧龍人初仕契丹降周世宗以為汝洲刺史從平李筠改虢州刺史改慶州兼制置使在郡

十数年西夏不敢犯塞號内斌為姚大蟲子承贊為供奉
官閤門祇侯使丞鑒至殿中丞
姚坦曹州濟陰人益王府靖善知鄧光二州
姚仲孫本曹南著姓曾祖仁嗣陳州商水令因家焉父暄
進士第一著作佐郎仲孫仕至陝西郡轉運使權三司使
事坐小吏詐為文符出知蔡州
姚涣世家長安隋開皇中有景徹者以討平瀘夷策功為
普州刺史卒子孫遂家普州涣第進士知峽涪二州

自怡軒製

姚兕五原人父寶戰死定州兕為通州團練史卒於鄜延總管贈忠州防禦使與弟麟有威名關中號二姚麟仕至都指揮使節度建雄定武軍檢校司徒卒贈開府儀同三司兕子雄仕至檢校司空奉甯軍節度使卒贈開府儀同三司謚武憲兕次子古仕至河東制置使

姚祐湖州長興人元豐末進士仕至延康殿學士工部尚書知太原府卒贈特進謚文僖

姚希得潼州人嘉定十六年進士度宗時參知政事以資

政殿大學士金紫光祿大夫潼川郡公致仕卒贈少保
姚鉉廬州合肥人太平興國八年進士起居舍人京東轉
運使終舒州團練副使子嗣復永城主簿幼子稱
姚興相州人荊湖南路兵馬副都監以四百騎當金人十
数萬自辰至午戰数十合援兵不至死謚忠毅
姚宗明河中永樂人也十世祖栖雲生岳岳生君儒君儒
生師正師正四世廬墓五世曰厚六世曰稚七世曰文八
世曰敬真九世曰真十世至宗明慶歷初有司以姚氏十

世同居聞於朝詔復其家十一世用和十二世士明十三世德孝睦不替三百餘年無異詞以上宋史本傳

又按宋史宰輔表乾道九年癸亥十二月己丑姚憲自御史中丞兼侍讀除端明殿學士簽書樞密院事明年甲午淳熙元年四月遷中大夫除參知政事六月罷以端明殿學士領宮觀檢孝宗本紀同而無傳史亦未言何處人

右自六朝以迄南宋姚氏見正史傳表者悉録於此詳其地則吳興南安最古南安之後多入長安吳興之後

亦有萬年硤石之異至於盧龍濟陰商水普州五原長興潼川合肥相州永樂分族又十併萬年硤石且十有二吾桐之族本自餘姚益以武康本支則宋世已十有四族年代益遠支派益繁遷地益多元明至今乃不可勝紀烏能一一追溯之哉必強合之非愚則妄此史文闕疑所以見取於先聖也瑩又記

自怡軒製

姚氏先德傳

一卷

姚氏先德傳

《姚氏先德傳》一卷，清鈔本。一册。半葉十行，行二十一字，無框格。開本高十九厘米，寬十二點九厘米。

本書是姚瑩所撰家乘，記録姚氏先輩人物德行。該書有六卷本刻本行世，仿志書之例，以類相從，分别命名爲行義、仕績、儒學、藝文、隱逸、貞節（貞節一門僅有目録，仕績一門分爲上、下篇）。本書與刻本體例不同，似無類例。經比對，所録各人事迹與刻本完全一致。

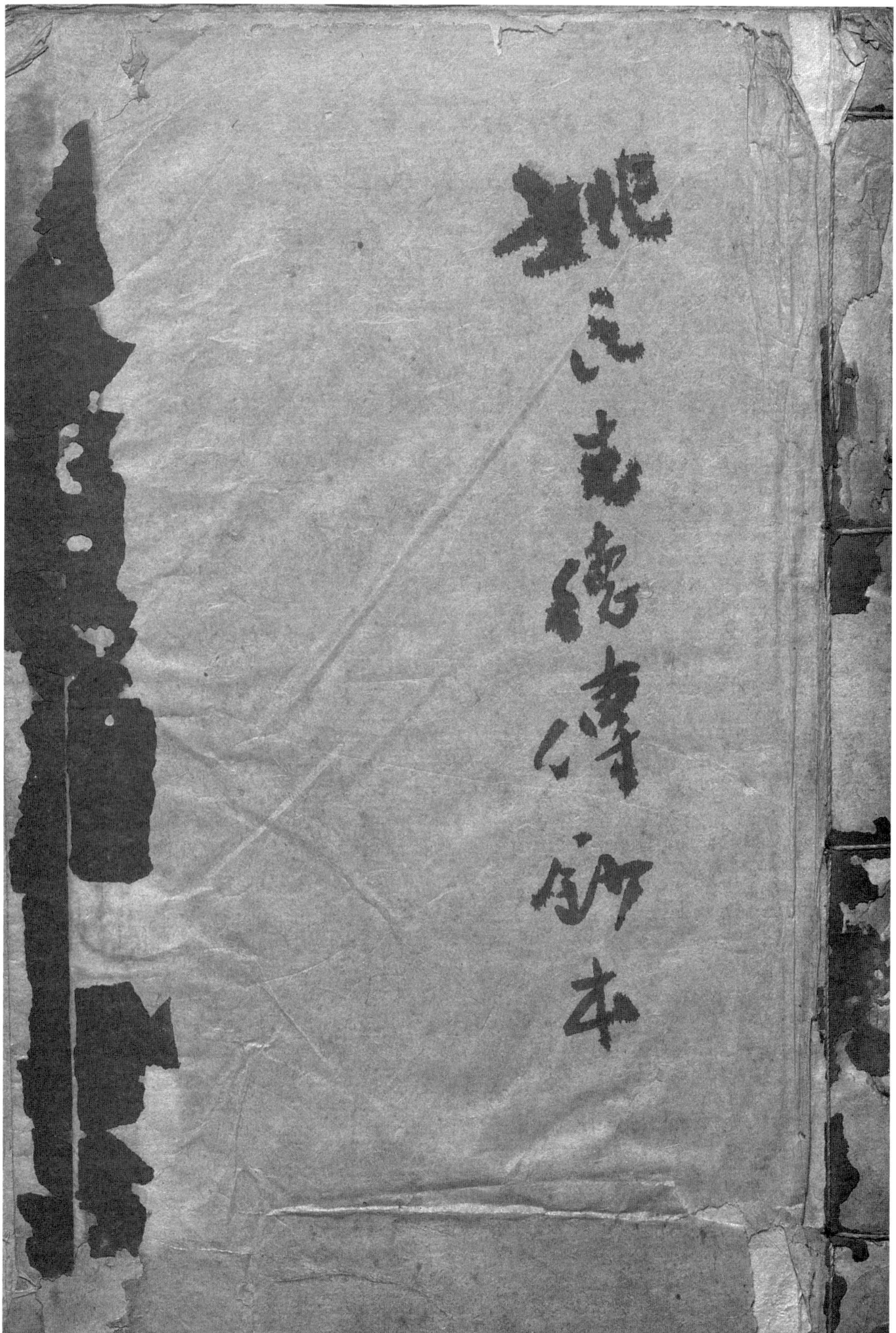
姚氏先德傳鈔本

姚氏先德傳

先一世祖勝三公本籍餘姚元季隨父官安慶始遷桐城為人敦厚正直喜解紛釋難鄉人爭鬭多不之官求公一言以決朴素自處待尊卑長幼一中於禮周貧恤匱無吝人稱長者年九十六疾作召戚友言訣諄諄戒子孫以孝友忠厚不及家事而終子孫守其遺訓至今且五百年聞人不絕遂為江南望族

先二世祖文二公本名子華性孝友穎悟過人童時即務學寒暑無間及長尤好施予周恤貧難鄉里德之交際取與一準於義家雖殷而布衣蔬食澹如也足跡不

至官府每歲鄉飲寬衣博帶雍容尊俎之間望之翼然人莫敢怠士林則之卒年七十五

先三世祖仲義公自少敦慎不事浮靡善詩賦謹言行以孝聞平居無疾言遽色鄉黨交遊必以和信尤豁達好施予人皆呼爲好善元末兵起依外祖蕭氏居每遇艱險處之夷然不見憂喜之色

先贈給諫公顯字宗顯仲義長子生而淳厚端謹及長制行剛方非禮不言不動與人交謙謙卑遜有非行者則弗與通待族人以恩顛困必扶鄉鄰有急必赴聞人善言必令諸子記而行之治家嚴肅鄉里法之有不平

者取直于公以理剖決莫不悅服而去少年酗酒遙望見公則藏匿不敢出一語有夜盜公穀者被執或勸訟之公曰是迫于饑寒耳訟則不可為人仁者不為也遂釋之家素豐弟惑人言求析產異居公不許曰兄弟天屬一氣奚忍分異乎弟堅求不已乃擇腴田善宅與之自取荒穢鄉里義之以比古薛包子旭幼聰慧公常撫之曰此子異日必興吾宗後果貴如公言

瑩按公以宣德九年卒太子贊善少詹事涑水司馬恂作狀翰林學士嘉興呂原作墓誌銘吏部尚書南陽李賢作墓表尚寶少卿莆田柯潛作輓詩

皆盛稱之今撮其畧敘述如右

先杏林公楫字世用參政第三子賦質清異讀書過目成誦少隨參政宦遊惟恂恂退讓補邑庠生試輒首錄有文譽成化中例許諸生入粟錄用伯兄欲爲公請辭之參政有五子以公好學不事生產欲均以俸貲公泣而止之參政卒哀毀骨立戚友感動既服闋兄弟有爲異者求析產公勸諭之不可乃取其最約曰資財在同氣中勝己囊也鄉試屢不中乃鶡冠鳩杖驅童僕而耕閒或作爲詩歌以抒其意已而歎曰古人有言不爲良相當爲良醫吾其終于是乎乃精求素問方書里中病

者就公輒應手愈貧者為藥施之鄉人或行不檢理譬
誠感多所化革有不足隨力所能為助與人處終日無
傲惰之容怡怡愉愉人皆謂如飲醇醪而自守貞介終
始不渝蓋所得于中者粹矣
先葵軒公希廉字崇賢參政公旭曾孫延獻公琛長子
少習舉業尤精六藝延獻公蚤卒奉母孀居幼弟方襁
褓次弟又卒僅遺一孤公子六人皆慧乃罷舉業經理
田疇千里延師以教諸子見文學之士必與欵洽竟談
朝夕以廣弟姪及諸子見聞性善飲每遊覽必載酒酣
輒賦詩操行忠厚有婢刈草侵鄰人界鄰人詈辱之婢

歸以病死其父號泣欲訟鄰人罪而要其貲以求公公曰婢實病死而故陷人以利其有豈無天乎不許鄰里聞之益多公戚黨或貧不能存公屢振之莫起且鬻其子公益憫之為贖還其宗且勸之力耕卒遂饒裕族諸生某嘗私憾于公以大徭役困之公憊甚作感懷詩貽諸子曰他日子孫必有興者當厚恤宗人也昔人手植三槐吾以詩誌之然公在諸子道考輙困及歿四子祖虞本虞賓虞虞自虞一歲同入郡縣庠孫之騏之蘭先後成進士仕為名宦姚氏科名人物至今稱盛者皆公後也

先似葵公自虞字智思葵軒公仲子也少任學問即晰精入微葵軒公嘗以大徭役為族諸生所困鬻産延師以教諸子隆慶元年耿莊簡公試士公為冠兄弟四人同時入郡邑庠而葵軒已殁相與酧酒哭父之墓已召族人苦徭役者曰吾四人例當復役以復吾族成先君子之志因益涉獵經史百家之言而以大易為本貫穴精通學者衆嘗館某家有所見一旦辭去主人望之迫後代者敗乃服公長者公生徒既衆察貧乏者嘗資之月以束修助諸兄弟季貧甚置産輒廢又置如初癸巳以明經入貢丁母憂未赴丁酉入對詔賜博士冠服不

受而歸日與故舊昆弟講授唱酬為樂子之蘭萬歷辛丑進士公訓之曰士重始進宜有超世之識拔俗之操無以科名榮利誇詡也不平其稱不滿其量不易其樂不改其度是為有道及除海澄令又貽二語使銘座右曰廉曰慈且曰萊蕪之釜魚壽春之留犢浚儀之齋馬中牟之馴雉蒲亭之化梟茂陵之無蝗皆邑令事也孺子勗哉海澄嘗校士而公書至左右避之海澄笑曰吾父無私語發讀則言官中事不患不明不斷患其太過默念為生民布德次第末減而已衆乃歎服公以孝弟百行之本服膺踐實擴而充之至于宗族鄉黨無間歲

饑瘦里人以田操書致來反而振之晚歲好為詩古文所著白石山吟牆壁語助澄心子雜説凡數十卷尤善星家言多奇驗將卒前三月取扇履諸物為詩分寄知交曰吾以某日長別矣果如其言京山李方伯維楨為公墓志曰昔宋李衡臨殁沐浴冠櫛翛然而遊周必大聞之曰惟釋氏達生死衡不學佛而能然殆孔子所謂聞道者歟余觀宋儒理學大明若俞汝尚劉義叟陸九淵蔡元定魏了翁甄龍友之類皆與衡同知生死吾道故有之矣奚事釋哉姚君預知逝期幾于道矣非日者所及也

先薑塢公範字南青端恪曾孫也祖羅田公士基為名宦已有傳父贈朝議公孔鋏邑增生蚤卒母太僕卿懷寧任公奕璽女守節撫公及弟溆公性純孝敦敏好學博聞彊記及冠與同里葉花南酉王中涵洛劉海峯大櫆方苧川澤諸先生友善約十年不下樓為舉世不好之文故沉潛經史幽邃古澹邈然得古人不傳之意雍正己酉拔貢生乾隆丙辰舉順天鄉試第二壬戌進士廷試已置一甲第三人張文和當國以姻戚避嫌請改二甲然公于文和甚疎固未嘗干謁也選庶常旋授編修充三禮館纂修甲子順天鄉試同考是時桐城張氏

方盛中外要職相望公獨以學行自高無所依附以是不遷天台齊息園山陰胡稚威常熟邵叔宀仁和杭堇浦皆以鴻博著稱尤重公謂姚君之學不可涯涘窺也錢塘袁子才忝歲入翰林名盛一時假歸諸名士咸以詩文贈送袁欲得公一言竟不可袁後作懷人詩及公云平生著書千萬言臨别贈我無一語葢憾之也公在翰林不十年致仕歸往來天津揚州主講晚歲家居不出嘗以爲文章關乎世運學術繫乎風俗人心元明以來士大夫崇尚義理氣節羣以宋儒爲依歸風趍正矣其敝也師心臆説人以程朱陸王自負非失之拘墟則

漸于恣肆一二好古之士沉潛廣博專意名物訓詁功力勤矣其敝也逐末忘本日以著述求名反置倫常日用為輕身心性命不復知為何物二者交譏亦未有以相勝故生平為學攷證與義理兼進博極羣書自經史百家天文地理小學訓詁以逮二氏之説無不淹通明貫而踐履醇粹一以程朱為宗律已甚嚴雖盛暑室中未嘗一日不冠帶與人和易不為峻絶人見之自無敢怠者有所問難必澈始末告之僻書奥典不事披尋舉誦如流蓄書十餘萬卷皆手自論訂考正譌謬後學得其説者研尋鑽仰皆足以自致古人顧不肯著書或問

之笑而不答學者尊之稱薑塢先生年七十卒猶子鼐傳其學以經説詩古文名于世後四十年曾孫瑩乃掇拾遺書輯之爲援鶉堂詩集六卷文集七卷經史子集筆記四十六卷後又增葺重修爲五十卷行世道光十年入祀鄉賢祠

先祖春樹府君諱斞元字儀匡薑塢公第五子邑增生孝友和厚能文章而不達薑塢公卒家事悉聽于諸兄日益貧落乃分諸逋負而析居先祖妣潛山徐氏盡出奩具償之猶不足遂客遊自給先是薑塢公博極羣書生平不肯著作有所攷論輒于書頭或片紙記之蓄書

十萬餘卷朱墨殆徧歿後頗有散佚府君患之乃與諸兄就遺書抄撮散碎數千百條又手抄詩文欲編葺之未成而卒後數十年瑩得依據輯為成書者賴有府君本也府君生平與人和易無疾言遽色而廉直不苟雖燕居倉卒未嘗有惰容以是人皆愛而敬之

景明公昶贈給諫第三子參政公旭弟為人端厚簡默孝友出于天性處鄉黨一以謙遜自持和粹之容盎然與人交情誼周摯急于行義見人貧困盡力卹之而不自為德時稱長者

松窩公塲字惟選別號松窩山人參政公曾孫性剛直

愿朴務大體十五六即自卓立躬耕家以不乏事父母以孝稱嫡母王氏嘗夜患瘧疾作榻震有聲公守之中夜仗劔履寢戶外斬之得朽木一株母疾遂愈平居麤衣惡食至禮節所關必竭力以副尤重喪祭濟困恤匱無吝色性喜飲飲輒浩歌每親朋銜盃相對怡然終日有自得之趣子起邑庠生孫若水萬歷辛丑進士刑科給事中終廣西布政使叅政

栗岡公璧字廷實杏林公楫長子邑庠生爲人脱落不羈輕財貨重施予揖強扶弱人德之事父母孝嘗罄私財以益公費諸弟或求分析父母有所私愛公及弟廷

獻公琛即以田産讓之獨好圖書百家諸子及陰陽醫卜之説靡不殫究教授生徒甚盛親喪率諸弟子以孝慎一遵朱子家禮嘗作軒名曰味菜取咬得菜根之義也内雖恬淡而遇事敢為族中事無巨細皆力任之立家規條約森嚴重修族譜既卒人猶思之

南車公承虞字敬思葵軒長子父歿督諸弟力學甚嚴晝夜不怠或有倦者則策之曰麥飯之詩其敢忘諸蓋葵軒公感懷詩句也由是誦讀之聲與悲號之聲相間聞者感歎服闋公郡試第一諸弟同時入郡邑庠公曰乃今可以慰吾父矣余豈沾沾此一衿哉遂輟業就耕

徜徉山水以終公性恬淡寡嗜慾尚氣節言笑不苟子弟見之無不肅容起敬妻吳孺人卒公年甫三十三遂不續娶撫子之騏卒爲湘潭名宦

養和公祖虞字孝思邑庠生孝友寬厚生平不與人忤負人倫鑒少年以文相質公決其終身所成就不爽兄南車公殁撫姪如己子嘗教授廬江邢氏甫數日生徒侍飲公忽泣下弟子問之公曰自余兄殁未嘗一日與孤姪離今館此念煢煢者無以成立也邢氏曰曷不從遊于此乎公曰余姪雖幼而性介以口腹累人不爲也邢氏謀使傅其幼子公樂之乃攜姪以往即湘潭也

夢孤公之蘭字汝夢似葵公少子萬歷乙卯舉人性方剛樂與人爲善内而宗族姻亞外而友生鄉黨皆嚴憚之有過輒恐公知邑中利弊關
國計民生者力陳于當事必興除乃已

崑源公之章字汝含葵軒公孫賓虞子也孝友嚴毅兄死撫雙孤教養成立與人交接未嘗不恭謹及有過必正色拒之無所依阿族中事無大小咸取平焉姻戚貴顯舉事有不當者造廬諮之公輒一言而決有暮夜入室竊資裝去者家人物色其人請訟之公不許曰此非素竊者財亡可復彼受盜名終身莫贖矣醉人經莊側

溪漲泥污其履倚酒踵門而詬公閉户若不聞明日其人謝過公曰是酒也非汝也仍具雞黍酌而勸之其人愧赧遂改行一時不檢者聞之皆斂迹晚歲卜居孔城鎮有會館朔望集父老子弟講求孝弟忠信之道且曰與君子言之期諸君子行之若弗行則父兄之教不先子弟之率不謹矣鄉里感之多善行者崇禎丁丑流賊犯桐城公禦之遂卒于難幼子孫極年十三以身翼父激烈駡賊亦死之

仁山公孫枚字仁山少孤力學授讀養母性恬退與物無競歲旱鄰田侵其水遂以讓之為族長公正有聲或

相忿爭公斥言輒平子文點歲貢生亦端介有父風
曉峰公文熒字玉青龍泉訓導孫森第三子也伯父孫
林罵賊死無子以公嗣以明經考授州判居家養母不
仕族黨貧乏常出粟周之東郭子來橋圯首倡重建行
人賴之著有花岑集行世
蟄存公文鰲字駕侯職方公第四子幼耽書史慷慨識
大義職方宰東陽有坊者何德成獲罪當笞公奇其狀
言于職方得免且厚卹之金華山中白頭賊起東陽武
生許都作亂陷城何固所親信也常左右之家人母弟
以免于難職方夜走樓村糾義勇復城公在城中與學

吏厲思盛健步屠亮計盟諸獄因應之省中援師亦至
賊破走阮馬謀陷職方獄甚急公走哭鳴寃
王師南下事解公乃奉職方隱小龍山著尚志書以見
志時何德成己貴為四川提督猶屬公書而致餽焉
順治己亥海寇擾江寧分數百騎至桐城公倡議募衆
與邑令葉公堅守城以全公善詩畫工文章既澹于榮
利事職方家居凡園林之樂悉心營之職方卒後益恣
情出遊窮洞庭彭蠡衡嶽匡廬之勝度閩嶠探武夷徃
復西湖虎邱秦淮維揚者二十年所在以詩文自娛當
事聞其賢爭餽遺之輒以資貧者里中義舉尤多戚人

張六吉以逋租繫獄公鬻產代贖免之故人子齊宏孤苦公衣食而教之卒以成立妻姪戴名世少穎悟公異之攜歸使與諸子共學自督課之後以文名當世康熙辛亥大饑公夢神人召試以詩金牌大書不度金錢度螻蟻寤曰此神召我賑饑也乃倡議請賑鬻田以創其始遠近爭輸設廠以食餓者朝夕有時後先有序男女有別日食數千人自二月至五月足不及家夜夢神人攜童子至曰以付汝翼日家人報生子矣遂名之粥郎疫癘大作人多野死公悉爲營殯瘞己未復大饑公夢前神人召試賑粥詩金牌限鈞葦二韻驚覺乃刋募米

小偶適張城市村鎮使粥郎捧簿沿門求募邑人鼓舞
應之所活尤衆比年遂大熟先是中丞靳公聞公賢將
舉博學鴻詞公稱疾不就至是中丞徐公國相復以山
林隱逸聞公固辭乃止所著雉囈集寶閒齋集同聲堂
文集左傳疏解幼鐸諸書皆藏于家卒年五十二學者
稱藝存先生乾隆九年鄉人思公遺德以孝行上
聞旌之入祀忠孝祠
東膠公士黌字東膠峽江令文焱長子性至孝母方孺
人疾刲股和藥以進康熙庚午鄉試峽江公卒于京師
公徒步迎喪哀動行路修宗譜篤族誼字其幼孤教其

失學者族人賴之嘗客蘇州見鬻婦償官逋者括囊金代還邑郊外多無主枯棺買山瘞埋不下數百塚

荆敔公孔鎛字振修端恪公孫羅田公長子負儁才年二十舉康熙庚午鄉試需次内閣中書幼失母擗踊中禮及長孺慕不衰每祭諱日或經塚所必涕洟竟日父在官暴病公家居心動即日衝暑往省至一日而父歿士民嗟異之父負帑金千餘獨售己産償之不耗諸弟貲養後母纖悉稱其意端恪有妾張氏年少矢志無子公奉之如母母病亟目將瞑兩稺子牽衣泣不顧母至輒開睫淚下被面死學使者以

聞特旌孝子

桃溪公孔欽字崇倚端恪公長孫刑部郎中士暨子沉静好學早補邑庠生坐監以能文知名間歲一省視京師布衣策蹇至則閉户讀書先達以是重之折行輩與交内行修謹樂善好施著有桃溪詩集

髯樵公孔嶔字岱雲作舟公第四子性孝友廉謹作舟殁哀毀骨立事母張氏先意承志惟恐不懽家貧僑居河畔一夕山水暴至負母疾走宅後小洲屋旋漂没走未及岸濁浪排空無生理仰天大慟忽狂風拔大木截其水勢得免乃棄儒為醫術甚精應手無不效家以稍裕

推解諸昆弟以孝友稱好誦太上感應篇以醫救人尤竭意貧者嘗暗捐葠劑中值數十金不令其人知其治病不主故方所創獲輒驗好施予修道路津梁設義漿糜粥置棺櫬以殯無告廣義塚以掩骸骴不掠人美不伐已長書法尤端重一筆未嘗苟且年八十二無疾而逝

容齋公興淙字志暘桃溪公子貢生候選光祿寺典簿幼孤孝事其祖父母及母睦于族人仁慈好施予康熙己丑桐城大饑紳士賑粥太霞宮道觀公甫逾冠即與其事經理三月餘所捐最多乙未奉檄賑饑公至邑西

挂車河散給有法人得實惠又司平糶于大寧寺由夏及秋用力尤勤藥餌摘樹絮茶湯之施無虛歲年甫三十而歿邑民仰之如鉅公耆宿焉

恕齋公孔鈛字升初康熙己卯舉人內閣中書母老請歸侍養曲盡其歡鄉里稱孝友室無私財仲弟為滄州知州逋負數千悉售己產償之居鄉方直遇公事敢言無諱人不敢以私干讀書天文樂律無不究心尤沉潛易學著有紀元大畧一卷最為精奥

茘香公馨字椒寧楚雄公元孫邑增生為人廉正少孤貧為武安知縣張公若霈贅婿以才幹見重族衆推之

為長數十年經理族事整肅公平每判曲直不過一二語人咸服其當年近九十強健如壯男子見後輩子弟必和以莊及卒後族長數易皆不及既久人猶思之

先參政公諱旭字景暘號菊泉明景泰庚午舉人辛未進士授刑科給事中伉直敢言或以太銳規之謝曰近侍以言為職苟知而不言則枉屈之咎在我天順丁丑上書訟于忠肅冤既忤權貴適御史某朝班坐給事中上公抗疏論之執政助御史遂以坐次為罪謫鄭州判已而朝論皆是公議卒定坐次科居道上至鄭州講求民隱公恕廉平民悦服秩滿去州民挽留者數千人馬

不能前有上疏請留者公爲詩謝之而去憲宗登極擢南安知府盡心民事剷害興利先以學校人材敦勵風俗爲先大成殿圯倡捐修之學宮有道源書院宋理宗御書碑刻尚存公重建作石亭以覆之選諸生資質厚重者肆業其中親爲講授給膏火在治六年境無流亡人無逋賦每雨旱禱輒應比歲大豐成化二年産嘉禾士民歌頌之繪圖以爲瑞秩滿擢雲南布政使司右叅政武暢蠻夷結土寇爲亂公行至關索嶺以聞敕公及三司會指揮進剿平之威惠大著成化六年庚寅萬壽節至京祝嘏畢乞骸骨歸屏處山中足跡不履城市丙

午家居無疾一日命具酒家人會飲畢沐浴更衣而卒
年七十八祀南安名宦及本邑鄉賢祠
瑩按公在南安郡人鄧璵字梅峯者作循良傳甚
詳同時徽江太守蔣銘廣西按察司副使蔣誠新
安張達皆爲之傳公卒後同里方君爲之行狀方
名見字惟袁瓊州守向之長子玉成副都之曾祖
也今傳狀尚載舊譜中南安府志江南通志及府
縣志皆有列傳又南安人作嘉禾圖詩至今猶存
乃採錄於此與御史爭坐事則據惜抱先生新譜
也

先副使芳麓公諱之蘭字汝芳參政之來孫也祖葵軒公希廉父似葵公自虞公幼而岐嶷英氣遒上十七為邑諸生明萬歷戊子舉人辛丑進士始仕福建海澄令地濱海夷商通市太監守監其稅公至詢利病所在耆老言璫暴橫商民弗堪一日有數百舟環璫廨將為不利數十老商懼為累走訴公曰任衆譁勿動俟吾示出則已乃可免耳皆曰如約太監以舟迎公佯緩其行謂縣尉速備舁夫百人今夕有所調發既乘舟至太監迎甚恭曰何以救我公曰商怨深矣稅屬上供而小供十倍之禍之階也請為君出示罷免太監曰善示出衆乃

解散公謂太監曰海口去邑治遠倉卒不應倘令歸而衆復還不任受咎也君能從我往乎太監曰善然上供在未可遽移公曰上供有額誰敢問之君當為行李慮耳太監乃出輜重并舟至縣公又曰官舍卑隘垣可一躍踰也行李重得無誨盜曷運至郡乎太監曰善安所得舁者公立召百人至即夕發太監曰行李往矣我留奚為亦發至郡則無以棲遂倍道還福州自是不復至惟檄取上供如額而已姦民周慶妄言呂宋產金富人張嶷刺之上書請採詔使往視撫按檄縣為嶷具舟而不移文呂宋公曰是駭外國也且呂宋即產金請責猶

當郤之奈何亦貪於外夷乎屢請勿往不許乃使巨商
舟載嶷慶戒縣倅偕往親祖於海畔既畢以銀鐺縶嶷
嶷曰我皇商也何辱我公笑曰若得金歸乃皇商耳姑
縶之次及慶曰兩臺檄中無我名公曰嶷倚汝若左右
手利害共之又次及巨商商曰我何罪公曰二人不得
金倘蹈海死何以報天子汝擁重貲必不肯死吾以二
人付汝矣戒倅伺之勿令與夷私於是竣事還報卒無
金上誅嶷慶璽書褒之未幾紅夷千人以七船載貨至
漳乞市如東粵香山澳撫按令郤遣之守道以問郡縣
皆莞然莫敢應公密白曰夷此行以某為謀主某則某

之壻也若得其婦翁夷可去守道檄郡縣捕某得者有賞公曰若是是速颺耳内檄袖中密識二幹卒以某翁至翁果致書其壻某得書大懼力謀之紅夷竟去澄邑九都田瘠苦旱鹵公濬渠三百餘丈通石馬淡潮以滙於澗築下埭以防鹹瀉淡甃石為斗門以時啟閉九都遂成沃壤澄人名之曰姚浦澄有平禾庄田賦納於龍溪吏以隔屬欺之加其賦鎮海衛故隸漳浦而歲食澄粟千餘石里户苦之公請使莊賦歸澄衛糧改折軍民稱便留心學校捐官租以給諸生錄囚多所矜釋諸生涂一榛黄鳳彩以人命株詿將抵罪公察其枉皆為平

反且資郵之兩人旋皆登第漳浦姦民以私仇誣告叛逆竄紳士姓名甚衆浦令悉錮之囹圄急報按撫守道檄公勘之至則逐一訊釋破械鎖者數百人獨二人家藏刀杖申解而告之曰汝無死法然臺疏已上未敢以空文銷案吾已爲汝白自赴省臺辨之可不死二人如公言獄得罷大計舉循良第一丁父憂歸老幼焚香泣而送者數千人羣商走境外魄金郤之羣商固請取一縑而行曰此亦一錢之意也除服補博野令數月行取南京禮部祠祭司主事擢精膳司郎中尋守杭州會城酬應煩而訟獄多公一皆親讞剖決明恕十郡之民皆

願求質於杭司理某少年進士公傾心接之訓誨如子弟某大恚布蜚語於要人中以事調守福建汀州政尚簡要惇大溫和期年大治時有邊警朝議加餉催科旁午公曰汀洲僻處山陬田僅一萬四千餘頃終歲勤動輸常後時何堪額外議加搜府庫餘積得五千金以佐新餉民不病而完如額汀人大喜過望督餉使者特疏薦之部議當遷官公念母年八十請終養詔褒許之且曰無有如汀守之急公愛民者加按察司副使以榮其歸季父翠亭公與公齒相若長相懽也翠亭歿公爲兩弟置產蕩之再公輒復而予之祖居有聽玉館葵軒公

搆以教子公增葺之聚族子貧者延塾師教讀族有諸生向以征徭困葵軒公者公既貴仍禮事之且厚其子族人老且愧曰少年為人所用老年為人所容吾顏厚矣公遇事敢言鄉里有大利害作書啟當事常累千言無一語及私辛酉八覲京師杭司理亦以行取至或謂之曰不憂清華但姚太守一揭而事敗矣司理急謁公長跽謝罪公曰吾向以寅好故初無介介君何疑耶更揚其善司理由是得刑垣人咸服公長者天啟甲子無疾而卒年六十三邑人思之請祀鄉賢祠海澄汀州杭州皆以名宦祀之杭之吳山西湖澄之東門九都民間

皆有專祠至今猶存
瑩按先副使仕績見福建江南兩通志及杭州汀州安慶三府志海澄桐城兩縣志明翰林檢討海澄高克正碑文南京吏部侍郎漳州蔣孟育贈序其行狀則先職方所撰謹採錄如右嘉慶戊辰丙子瑩再過杭州謁公像於吳山及西湖廟猶完整己卯爲龍溪令將之臺灣至海澄謁祭公祠於東門内及九都紳士耆老至者百餘人言邑中祀公甚虔水旱禱輒應自明季公子尚寶寺丞孫棨爲漳南道

本朝乾隆間六世孫福建巡撫棻再至祠祭令瑩又至邑人甚喜願留十日俾衆咸得見之瑩爲留二日兩地人各治酒數十筵盛會士女老幼先後至者絡繹於途盡歡而去時澄令張君際熙見之爲感歎然後知公之德澤入人深遠也道光壬午瑩丁醒庵府君憂自海外還至廈門澄人猶與龍溪平和兩邑人士紛紛來弔嗚呼益可感矣

先職方公諱孫棐字純甫號戍生副使第四子七歲能文十歲能詩中天啓丁卯副榜部試得州判棄之歸里崇禎癸酉舉應天鄉試甲戌流寇犯桐一時洶懼邑令

楊公爾銘星夜請兵省委參將潘可大至公率親友輸餉助之賊圍城攻四十晝夜公風雪登埤衣不解帶置火器擊賊得不陷庚辰試禮部第授浙江蘭谿令素困南米自邑運至南都凡三易船十金而致一石公請於按撫具題改折田籍歲久紊亂豪民胥吏因緣爲姦良民畝益重公清覈隱匿數千自是無敢飛寄者壬午分校鄉試有私干者公謝之曰我曾躭白戰安敢負青天言者赧然而退蘭人感之建祠瀔水驛之左後爲叛兵所毀復建於大雲山祝壽寺與蜀中劉公合祀癸未調東陽縣有許都者邑巨室子豪富陰蓄死士謀亂僞爲

中宮牌劄通行金華處州募義勇公見文移疑之約鄰邑為備甫議城守都已反刼宣平縣庫義烏失守乘勝攻東陽故無兵械人心洶洶皆無固志十二月初六夜本營把總靳闕迎之城遂陷公使主簿宋琦奔杭請師自走樓村山中糾集義士趙鳴皐等數千人圖恢復時城中有獄囚三十六人素感公恩脫械不散公子文鼇陰與結甲申元旦公率義勇鼓噪至城內諸囚及民人應之殺賊甚衆主簿亦偕遊擊陸超以兵至遂復城敘功擢兵部職方司主事賊再來攻皆擊卻之都窮蹙乃詣紹興司李陳公子龍請撫都素豪富為大言廣結交

文士多喜之陳公欲救巡按左公光先惡其陷城斬之並其黨三十餘人宏光南渡馬阮與左有隙使人以彈章示公曰左光先殺降有罪能証之將增秩否則禍及公曰左公君子也寧同坐死不能負心馬阮怒誣公激變左殺降逮下廷尉

王師南下事解乃歸龍眠山中葺茅屋居之性好游或經年不歸既又築頌嘉草堂與諸子飲酒賦詩門以內雍雍如也康熙癸夘卒年六十六著有亦園詩集十卷己酉里人思公德與守城功請祀鄉賢祠蘭溪東陽亦祀之名宦

瑩按公仕績始末見蘭溪東陽兩縣志及浙江江
南通志公性樂山水歸山年未五十自號樗道人
嘗作樗傳曰王荆公之叙芝閣以為天子不尚祥瑞
神奇之產銷藏於蒿藜榛莽之間而山農野老不
復知其為瑞也樗則異是大者擁腫而不中繩尺
小者拳曲而不中規矩立之塗匠者不顧樗之為
樗久矣樗七歲知文十歲學詩三十餘年而成仕
五年而廢性好名山水身所涉歷輒裴回不忍去
嘗飲泉州洛陽橋上五更潮至聲如千軍萬騎海
日初升注射雪濤中斤斤作金光如龍鱗乘醉狂

叫欲躍身赴之同輩力持其袂乃止謁武夷十三
僊宮值祈雨甫應捧視山蜺色白潤微香道士云
由秦及今數千年物也進舟九曲溪兩岸山光應
接不暇捨之登接筍峯峭立摩空俯臨幽壑貫木
於壁懸三梯長百五十丈緣以登後人見前人履
前人不敢盼後人髻梯盡石崖益突兀横綴鐵索
下鑿小坎僅容半趾握索踏坎寸進之數百武始
得拾級達天遊閣武夷絕頂也六六峯三三水獻
秀爭奇赤霞蒼靄可招入懷袖間洵奇觀也他
如鄧尉梅花婺源靈洞無日不在夢寐間然性下

急少容忍有逆於心必銜於口過輒忘之胸無宿
怨以是容於人焉
先端恪公諱文然字若侯號龍懷職方第三子生而頴
異寡言笑九歲著德風論有煦嫗天下之志明崇禎壬
午年應科試作凶年饑歲文督學金公蘭奇之曰此一幅
流民圖也拔第一是歲舉應天鄉試癸未成進士選庶
常而歸
本朝順治三年安撫李猶龍薦授國史院庶吉士改禮
科給事中四年戊子主山東鄉試六年疏請
嚴敕撫按恪遵

恩詔清理刑獄勿任有司稽遲或條赦之外可矜宥者
許專疏上陳又請選用會試下第舉人以廣任使又言
直隸與山東河北接壤兩省各有疆限盜賊竊發難越
境追捕請改保定巡撫為總督統轄山東及河南懷慶
彰德衛輝三府疏參各省督撫濫委私人署州縣官皆
部議行轉工科給事中八年
世祖章皇帝親攬萬幾求直言大臣以巡按澄清無效
議停止公上言
朝廷設官內外分理惟巡按一官所以疏通內外察吏
安民為任甚重今不得其人都察院大臣不聞指參甄

別反使
朝廷察吏安民之大典坐格於二三澄清罔效之匪人
徇私溺職莫此為甚願
賜召對面議同異疏入憲臣及御史甄別有差臺班一
清是年江浙水災西北大熟公言東南財賦之區災傷
之後隱憂方大漕米宜令改折以災之重輕定改折多
寡又言折漕規則新立小民不能周知吏因緣為姦或
改折外重徵火耗或先已徵米又收折價或重折輕解
弊端不一請敕漕臣密奏嚴劾
上亟採納之十年兵部滿漢大臣有罷鎖禁城門公上

言唐太宗時錄囚至刺史鄭善果太宗曰善果官至五
品雖有罪豈得與諸囚伍伏念諸臣皆列大僚素叨豢
養今寒天凍夜冷鎖三重積成疾患恐不死於
國憲而死於天災非所以廣
皇仁也通衢大路萬目觀瞻功臣貴臣免冠帶鎖愧辱
難堪非所以存
國體也
上是公言遂除其令及後康熙十年廷鞫總督周有德
編修陳志紀逮繫總督麻勒吉復疏申論之
上命以後官員犯罪鎖拿鎖禁永行停止轉兵科給事

中尋乞終養歸康熙五年起補吏科給事中遷户科六
年疏言川湖諸省官吏藉採木爲名擾取民間屋材墓
樹宜申飭嚴禁又言採買官物由官發價者駁減之銀
應扣存司庫若價出自民餘銀宜仍還之民間又言一
部可結之事即宜一部徑結一疏可結之事即宜一疏
通結若各省錢糧考成已報完者部臣宜於議覆時即
予開復以省奏牘而免冗滯又言蠲免錢糧有流抵次
年者科臣請填入次年由單已奉
旨行矣臣查各直省送到由單竟未有開載此一項者
以蠲免在頒發由單後也惟於流抵下年由單之首載

明應蠲分數與抵免銀數則吏不敢匿民沾實惠又請
停本色駁減以杜私派裁蘆稅差官以汰冗員停減開
鑄以疏通錢法全撥十分兵餉以恤士卒更正兩淮鹽
課考成免直隸諸府狐皮折解均如所請行海內稱便
九年八月
特旨內陞正四品食俸仍留給事中任先是臺垣內陞
例皆回籍候補有需次數年者內陞留任自公始也十
年五月擢副都御史十一月遷刑部侍郎十二年癸丑
充會試總裁轉兵部督捕侍郎京口副都統張所養奏
將軍柯永蓁徇私縱恣公奉

命往鞫得實永蓁罷十二月遷左都御史十三年請建
皇儲疏留中不報時
仁孝皇后梓宮奉安鞏華城盛暑
車駕屢幸公請節哀勞以養
聖躬且引唐太宗作層觀臺望昭陵因魏徵諷諫泣而
毀觀爲言語甚切至長沙新降復叛公上言長沙距辰
沅不遠當擒獻賊使之際必請兵救援彼見荊州武昌
頓兵不渡謬謂國家棄此土於度外一旦賊使再至望
絕而降非得已也宜深原其故以開反正之路又疏言
耿精忠與孫延齡俱受吳三桂指麾復與延齡爲脣齒

中間所阻隔者廣東耳耿逆將士舊駐其地熟悉山川
地利恐出不意表裏夾攻則廣東勢危江西毘連閩粵
若賊侵踞贛州南安則餉道中絶宜進駐重兵以通聲
援
上皆嘉納十二月陝西提督王輔臣叛河南巡撫佟鳳
彩乞休公言河南密邇陝西恐流言煽惑鳳彩任巡撫
數載民所悅服宜令力疾視事
上命留任河南十四年正月時議裁兵裕餉公言兵
新增久設若一時議裁恐聚而生變宜於新增者分其
緩急次第裁減後再議舊兵以漸裁之乃可秦中已定

獨平涼未下公言大局既定我兵從此合注湖南自有
餘裕請停調蒙古關東兵免卑濕生病又言鞏昌蘭州
既下宜堅招撫明大信以徠平涼皆洞切機要十五年
擢刑部尚書公為人剛直而仁恕前後在諫垣十餘年
遇天下大計疏凡數十上罔所忌諱性恬淡雖貴如寒
素而志在康濟視民不安若痛切其身故自誦曰常覺
胸中生意滿須知世上苦人多聞者動容及長秋官益
自發攄清滯因理寃獄推廣
上恩全活甚衆以為刃殺人於一時有限例殺人於萬
世無窮推明律意虛心參酌去其甚者漸劑寬平其後

部中皆稱姚律十七年六月卒年五十九
賜祭葬如禮謚端恪雍正八年入祀賢良祠
特敕加祭一壇建專祠於本邑有司歲時致祀始公之
乞歸也奉職方里居近十年杜門謝客當事諸公不一
千以私至闕地方利害必移書反覆得請乃已如南米
魚課諸役充者往往破家公請立官收官解之法夙弊
以除縣中奉檄丈量公與邑令鄔公謀依萬歷碑文田
分九則賦分三等賦不虧而畝無虛羨邑人稱平所著
疏稾八卷文集十卷詩集十二卷白雲語錄六卷雜著
十二卷并行於世居病日記一冊存家

瑩按先端恪功德在人其大者具載
國史今據文集奏疏及魏敏果公撰神道碑文吾鄉
潘蜀藻先生撰墓誌銘徐健菴韓慕廬兩先生總
序叅諸魯齋公所撰行述備載於此公為諸生即
厚自刻苦貴後終身布帷素蔬獨汲汲於惇睦任
恤之義每年計祿入之餘分為恒敦時慈四目其
孀友中孤嫠無依者月有常給曰恒其計口徧致
閒一舉行者曰敦以備婚嫁卒葬不時之需者曰
時以周鄉黨隣里及僕從之無告者曰慈歲數百
金以為常京師沙窩門內有育嬰堂乃柴道人世

盛抱養棄孩地也費苦不給公捐俸廣募經紀之每月八日偕諸公為育嬰會雖積冗雨雪無間職方避地海上時與韓公有舊韓歿後遺逋三千金公代償之無難色故南鄭令高君世豪為公戊子山東所得士高病故任內未完追賠銀數千家產盡絕妻子應入官已就道矣公首捐數百金代輸一時諸公聞之欣然樂助遂得免松江司李陳公子龍故後家在中州落甚公訪其子陳撰厚恤之故溧陽相國陳公子易戍尚陽堡公歲時周給將卒前月猶浼陳少宰一炳致二百金且曰為語溧

陽公子吾老矣恐後不能繼也登
朝三十餘年每遇
廷議侃侃直陳而中懷坦白滿漢諸公以此咸推重
之訓子弟唯以讀書安命為本嘗曰士子中式正
如男婚女嫁耳婚嫁之後而歌偕老詠斯男幸矣
其不幸而為中冓之傷綠衣之怨者豈少哉汝曹
勿以遇不遇為欣戚也次子士塋會試與五河錢
君世熹俱為儲太史振所薦以額滿應退一四總
裁以次覆較及王少司寇清遂定取一卷榜發則
錢君也少司寇為公山東所得士撤闈來謁知所

退為公子慚謝公笑曰遇合命也君主試而余兒
不售耳已售於分較而見乙於君此天以彰我兩
人無私也君報我厚矣病中
朝命侍講學士張公視疾公疏謝惓惓猶以講學勸
政早奏蕩平爲言
上為動容公壯歲即好學道潛心克治存養之功乞
病數年每日記所言行得失以自考驗於一念之
微不自寬假嘗燕暇諸子在側有言某喜用術意
欲人皆入其機彀中書公士堂曰寧可入機彀之
中而成人事不可出機彀之中而敗人事君子明

知小人之我欺而甘為所欺明知小人之用我而甘為所用知者其智甘者其仁公喜曰敬佩爾金石之言父子間受善如此晚歲洞然死生之理手書囑諸子曰余生平不耐哭人死後可知汝等體是意哭以成禮而已毋多哭又曰憂人之憂樂我之樂又曰人之生也萬殊其死也萬殊如吾者而死樂矣公以六月二十四日卒於京師前一夕里中有大星如火自北而南隕於居宅鄰人驚為火災亟趨拯救至則無有翼日延術士禱之而不知為公應也伏讀

詔賜祭葬碑文有云履重任而彌處以小心持大體而不遺乎細故二語可以盡公生平矣

先羅田公諱士基字履若號松崖端恪第四子幼而沉靜踰冠舉康熙壬子舉人時端恪已卒輩下諸公咸推重之公獨閉戶闇修不好浮譽尤熟資治通鑑有志世務授湖廣羅田縣令革除陋規公費之害民者撫民務以愷悌不輕笞辱地患盜公立保甲法牌長自相逐捕盜賊以甯催科賦役不責胥役惟以牌示俾民自催之卒無逋欠遷建學宮以重文教立專祠以祀忠烈置義塚以收暴骨設官筏以渡行人力行實政督撫異之將

行取而卒羅民哭之哀焚香泣送至於境外建祠栗子
四歲以公卒之日羣祭之稱姚公會踰年又請祀之名
宦祠所著清聚山房詩集八卷行於世
湘潭公之騏字汝調號渥源十世祖葵軒公次孫敬思
公諱承虞子也與從弟先芳麓公先後八日生甫彌月
葵軒以筐承二孫弄之一道士乞食葵軒飯之言貧不
能治具道士笑曰一筐中盛二進士何憂貧乎忽不見
公六歲而孤貧不能購書手寫讀之爲文清勁久困童
子試不少䘮曰遇合數也吾爲吾文而已年三十八始
入邑庠明萬歷癸卯舉人丁未進士授湖廣湘潭知縣

房師李湘洲先生湘潭人也公往辭曰之騏此去所以報師恩者當使吾師名重鄉里有長者譽至則李氏果有豪僕不法公庭笞之曰吾爲爾主門人即子弟也安有父兄遠宦而子弟縱其家人爲不法乎自是境内肅然公治事精核發擿如神一紳士造謁意有所干公與語移時其人逡巡而退卒不敢發洞庭多盜守令患之公請往捕或以非湘潭事不宜問公曰潭邑去湖不遠且潭人之所經也可異視耶吾越境往出盜不意必成擒矣率健卒飛櫂直入賊巢果執其魁還誅之遠近以寧公性嚴肅而待人寬厚不爲已甚峻絶包苴民爲謡

曰只飲湘潭一口水不染長沙半點泥己酉鄉試分校闈中稱得人以廉能薦將入都疾卒年四十八兵備副使王志遠素不洽聞公卒馳至縣署甚嚴密如將籍沒者及見公停正寢尚未含殮所衣臥具極寒儉兩幼子哀毀躃踴應對如成人詢喪事一無所備室中蕭然惟圖書與所著詩文汗漫卒皆手抄四壁書潭之錢穀出入會計及當興革諸事封一木篋甚固啟之則疏邑中善士奸民冊也副使撫屍大慟曰咫尺有名賢而我不知冥冥之中負此良友姚公獨爲君子我顧何如哉士民聞公歿父老子弟奔哭聲徹天副使哭而慰之曰父

老哭何益姚君方未殮身長八尺安所得巨棺乎某鴻臚年七十餘扶杖入曰老人身長與賢侯等有自具棺在請以殮於是邑人爭致賵賻公妻項孺人僅受棺以内餘盡卻之副使以聞按撫羣公致賻千金孺人堅卻不受扶櫬歸日舟車送者絡繹數百里按撫遣吏護之至皖仍以所致賻金囑皖守貽書桐人爲遺孤置膏火而請祀之名宦祠桐人感之亦祀鄉賢祠

本朝康熙間公之孫文燮仕雲南值兵亂間道歸

國行至湘潭父老詢之曰此前朝神君之孫也共庇之得脱

瑩按湘潭公仕績見湘潭縣志湖廣江南兩通志行狀則公曾孫士黌所撰今採諸文並舊新二譜敘錄如右

尚寶公孫槃字心甫號石嶺副使第三子明萬歷戊午舉人天啟壬戌進士授浙江龍游令地多竹樹浙省大工歲常採買稅且重民商咸苦之公力請停罷輕其稅邑人祠祀之再補福建晉江令瀕海水漲為鹹潦所淤不能田饑民流離公捐募糴穀濟之全活數萬庚午為福建同考尋擢江西道監察御史章奏數上留中時獘錦衣項震乘醉殺妻公巡城立訊服辜執政私震忌之

左遷上林院典簿久之乃改南京吏部驗封司主事歷
大名道僉事浙江水利道參議遷福建漳南道故相林
鶴灘有遺産爲勢豪占奪林妻子孱弱莫能訴公檄府
縣清還之復爲勢家所中左遷再起湖廣荊南道按察
司副使終尚寶寺丞公視一官澹如而爲德於鄉甚力
辛巳壬午之間桐城數被兵又苦蝗疫公歸自楚中捐
賑助餉登埤捍守撫戢鄉里里人賴之順治乙酉卒年
五十一祀鄉賢祠
瑩按漳州府人物志林釬字實甫龍溪人崇正九
年正月東閣大學士六月卒上以釬誠慤不立門

戶特加眷顧首輔忌之困以事遂得疾而終謚文
穆此言故相林鶴灘即其人也
階州公文熊字望侯尚寶寺丞孫槩子邑庠生順治庚
子舉人丁未進士時方承平有司急催科
廷試策問錢穀公舉直省分合數以對且陳轉移之法
讀卷詫曰書生顧安得此以第一卷呈秀水曹公溶見
之曰自歐陽公後不復見此矣然語多直恐不得上卷
果置二甲授浙江江山知縣調蕭山耿逆亂閩浙歲用
師民間遭寇亂後歲比不登蕭山大邑芻糧供具尤多
又遠道水陸輸運費與糧等民困不支往往後期公力

請按撫出貲折價代民交納嗣是蕭山皆折價以爲常
康熙乙卯文武鄉試同考擢陝西階州知州州亂後凋敝
悉除無名之徵上官督催之急公縛其吏之驕橫者撻
而遣之以是降調歸先是蕭山蝗起公移文於神忽大
風雨蝗盡死又有逸盜自行歸獄曰夢父責之不可累
好官其神化如此既卒桐人祀之鄉賢蕭人祀之名宦
復與賈公國楨合祠以祀蕭有水旱蝗疫禱輒靈應久
而益著道光七年蕭邑紳士以公與賈公禦災捍患臚
列治績及歿後靈應事實呈請
封號浙撫劉公以聞下禮部議請如典例奉

旨特封賈昭應伯公昭感伯
楚雄公文烈字覲侯又字屺懷職方長子邑增生順治
戊子副榜辛卯順天舉人相國溧陽陳公亟賞其文曰
此先正大家可以啟衰式靡也丁母憂家居課徒留心
里中利弊先是桐城糧畝以區分僉糧納官解郡者十
區而僉一人曰區頭胥隸操縱魚肉之擇人而食僉斯
役者家立破公與端恪公條其弊於當事徵解歸官而
民不與積弊以除時方丈量與縣令酌定則例高下平
準邑人稱便初授漢陽司李鋤豪强理冤抑獄訟鉤鉅
必得其情明允之聲大著省有疑案悉以委之民人吳

安為盜誣服擬決及秋審公疑之數鞫諸盜不能辯始白其誣而出之漢口魚鹽之衡鹽引額重滯銷為商病公立法疏通鹺政以清曾某者負徐商鹽千引不償而病度不能起自經死姦人羣教其子以訟公理其獄大創之刁訟歛迹湖南方用兵荆襄禁旅大集芻茭供億挽輸旁午又諸郡水災飢民赴漢口覓食者襁負接踵公曰民力竭矣乃繪圖上撫按捐俸勸輸設粥廠以拯流民全活萬計奉檄委運草軍前盡革陋規民得稍蘇吏事之暇日進諸生講論經史研究理學嘗曰讀書當出為名臣處為真儒勿徒事經生業也俸滿遷辰州判

尋擢雲南楚雄府知府滇地新附伏莽未靖公單騎入其渠帥營說下之康熙癸卯丁外艱歸哀慟致疾卒年五十

德安公文燕字翼侯號小山職方第五子也幼讀書目數行下年十九舉順治辛卯舉人辛丑進士端恪於諸弟中最愛之凡兵農水利戶口錢糧之事悉與講求故曉然於民生利病授江西德安縣令地素瘠亂後凋瘵愈甚公悉心撫字勸農興學清丈量均田畝究枉屈抑豪橫歲飢倡捐勸賑設粥廠以食飢民署中脫粟不飽常晏如也康熙甲寅舉江西循良第一

詔賜蟒服行取將受代三藩亂起南康兵潰賊壓蒲塘渡口直趨南關去城十里城中兵僅四十人居民奔散公謂把總魏久功曰此吾兩人立名節地也然賊未過河猶可以智勝俟力竭後死未晚撤東西北三門兵盡登南城鳴銅盤代鉦裂被帛代旗束蘆薪數百炬使兵民齊呼為號火光中呼聲動地賊疑援兵至驚退未十日尼將軍自湖口來將至瑞昌公率兵民迎大軍夾攻遂大破賊德安人感之建祠於城南耆老過之有對像隕涕者乙卯至京師例用御史以端愨為總憲嫌改主事未受職而卒年四十五先是職方里居公偕諸兄侍

養且十年孝謹備至姊適方於宣早寡依父兄居以哭
職方病篤公手疏城隍願減己算以益姊年哭且拜里
人遇之感泣及卒端恪哭之曰吾弟忠孝智勇人也天
靳以年不展其用吾老矣一慟致疾後公兩月而歿公
無子以兄子士塤嗣所著有春草園詩文集

峽江公文焱字彥昭號磐青湘潭公之孫也父孫森號
珠樹爲龍泉訓導善文詞兼習兵事流賊攻桐佐縣令
守禦得全鄉人德之公生十二歲作金陵感懷詩時稱
神童十四入泮學使金公特試以詩立就人傳誦之與
從兄端恪外兄方公亨咸輩以詩名爲濳園十五子順

治壬寅歲貢廷試第一康熙己酉舉順天鄉試授長洲教諭辛酉甲子再聘浙江同考課士衡文惟以不欺為本學使主試咸敬禮之吳中大饑公監粥廠精核胥役步置井然男女有別又監藥局徧延名醫全活甚衆任滿去士民泣送數十里遷峽江令鋭意興革利弊舊例徵糧里長以督花户城中復設保户以督里長鄉民輸税咸主其家歲歛費數千公出示永革郡守聞之遂令合郡遵行峽人勒石誌之公居心仁恕以寬簡為政不事鞭朴而民感服以憂歸服闋入都疾卒著有楚游草超玉軒詩集

開化公文燓字經三號羹湖珠樹次子順治甲午舉人十六年己亥進士授福建建甯府推官建甯居閩上游山嶺崇峻盜賊多據為患民俗獷悍睚眦讐殺案積無數公片言立剖未數月囹圄為空有方祕者殺方飛熊前官已定讞矣公疑而鞫之飛熊故為盜營殺祕一家既就撫祕乃乘間復讐公請於直指活祕督撫以為明允疑獄悉委決之有武弁被殺案繫千餘人公僅坐數人罪餘盡釋去督撫駮曰此叛案何遽輕率公曰職所據者地方初報之文與盜供也蓋鄉民持械逐盜弁適過從騎未至為盜所殺地方初報盜營中執為民叛殺

弁遂以反叛申審公檢度閣得初報文固在時盜案亦
破獲訊供自伏殺弁故得其情他所平反多此類耿繼
茂建藩其下怙勢不法多貸民錢因奪其妻女公悉使
許發而自捐俸金并募同官代償還之民間妻女歸者
百數藩戚嚴某尤横或訟之郡郡守懦反為所侮公請
治其事執法加等自是藩人歛跡時閩畺初闢檄公督
丈量事建郡民皆依山鑿田不可施繩弓公授諸吏勾
股法按舊冊計田之廣狹為增減民不擾而政舉邊海
戰船歲久壞欲新之費鉅時議按户口出錢民間鼎沸
公密言於上籌欵代之民乃安秩滿將遷會裁推官缺

康熙八年政知直隸雄縣先是七年渾河泛溢城東南隅皆水樓櫓傾圮田廬漂沒公至修城築隄造橋以利涉者人名曰姚公橋渾河有龍為暴儆韓昌黎祭鱷魚故事檄之水果退其歲大熟邑歲貢狐皮民苦累公條十三難以上得題請免之地近京畿膏腴多為旗人圈佔民不敢爭公為爭之旗人請於户部司官至牽繩量地繩所定處民不得有公拔佩刀斷繩司官見公剛直不屈詞少遜未幾有詔令退地還民雄俗好鬥微釁爭角輒投繯赴水因以攘奪其財或不欲死家人且促之一月之中死者十百公乃示令死者鄉約即予埋葬毋

得生事遂無死者又立屯丁為團長以守望盜賊不敢入境他如報墾地蠲耗羡減鹽引恤驛政清逃人撫循瘡痍善政尤多以捕逃功擢雲南開化府同知尋攝曲靖府阿迷州吳三桂叛公陷賊中密與建義將軍林興珠有約林發之早為賊所覺繫之獄乘間遁還安親王軍林先以公謀告王王遂

上聞

聖祖召至京賜對甚詳滇平遂乞養歸避居龍眠山中顏其堂曰樂耕未幾母喪哀毀卒年六十六公神骨清秀目光四射幼即知詩十歲能文章自為諸生文益博

麗一時文社名士皆推之家雖貧食客滿座所著羹湖詩選泳園詩集黃柏山房古文李昌谷詩註龍眠詩傳史論四六偶存芝山春草錄薙簏吟雄山草滇行草武夷遊草十餘種又梓定方密之通雅方羽南易盪皆行於世修纂之書則建甯府志雄縣志曲靖府志凡三種開化舊無志自公創之又嘗修滇省通志甫脫稿而冦亂遂佚尤工畫倣大癡雲林及黃鶴山人梅花道人皆逼肖片縑尺幅人爭寶之卒祀雄縣名宦祠

瑩按公詩文畫幅及所刊諸書海內時有存者其仕績已入　國史大清一統志吾鄉張文端太傅

所撰公傳尤詳今據志傳及舊譜叙錄如右
渝川公士重字勃少號松譚職方第三孫丹楓公文動
長子少好學十五入邑庠康熙壬子拔貢選授甯國府
學訓導或惜之公曰擊柝抱關必克盡職以視立人之
本朝而道不行者可以無恥也既就職講學課士敦行
勵節倡建培風閣以為養士肄業之所歲饑設廠賑粥
存活無數邑令某嘗饋公金以助施予公鄙其人卻之
移渝川縣丞署高安縣時當編審前明編地二百九十
二里地狹而賦役重亂後凋殘益甚公為破圖均里不
徇一私卻饋遺懲强侮殫心更定一百五十四里康熙

二十八年遂以新冊開徵士民感頌勒石既徵漕耗米有餘盡蠲給貧民舉貞異擢渝川令以漕務不忍苛民部議降一級士民羣謀申訟於部公卻之而歸養親以終

刑部公士暨字注若號魯齋端恪長子貢生候選睢寧教諭教育寒士建置祭器修列女祠歷遷國子監學正順天府通判改刑部貴州司員外轉本司郎中端恪講求刑律多所更定公親承其事故精律例論決平允大司寇佛公倫張玉書亟稱其才他司疑案必令公覆閱而後奏之康熙　年河南有大獄

上命擇賢員可使勘者咸以公對召見
上曰此故尚書姚文然子耶宜可使也果得其情以報
在部數年以疾乞歸居鄉力善行義飢歲設粥勸賑者
再親黨施予不可勝數殁祀鄉賢祠著有茲園詩集二
十四卷

朝邑公士塾字庠若號松茂端恪第五子廩貢生初為
碭山教諭地僻俗陋修葺學宮勸建義塾集生徒講學
其中士風一變康熙二十七年總督傅公巡撫洪公交
章薦其賢
命賜冠服擢陜西朝邑令風節自厲下車首革陋規千

金當編審期又有例費數千悉裁之秦鹽仰食河東給引徵税不以商販歲由河東鹽運使發引於諸州縣民間按户授引即食不能盡一引者亦有常課而大族豪强反多食私鹽夤緣巧脱官有餘引常勒增於單丁無力之家公爲計口受鹽之法自是豪右無所隱匿官民兩便之朝邑万城東盡黄河古岸舊距蒲州門僅里許後河去古岸而西徙數十里朝人渡河耕蒲人伺熟輒刈之比召衆渡援已束載而去歲輒爭鬥不休各治挺刃火器以爲侵守每秋殺傷數十百人大獄數興秦晉自兩中丞以下各祖其部民文移排擊以庇之自明嘉

靖至是遂成風俗死者不可勝計然終莫能曲蒲人也公力請於兩中丞檄蒲守及諸監司會勘是時兩邑聚者萬人洶洶爭論各官未及言公抗聲曰秦晉民俗健鬥而官使氣激之殺戮近百年矣仁者不忍爲也諸公今者能和衷以謀善後乎衆少定公乃徐言曰蒲人爭界於河以曲朝邑死不恤設河身再西越朝邑縣治而去將縣治亦蒲有之乎賦若干責辦朝邑而蒲人坐收無賦之利以此言之曲在蒲諸公咸曰姚令言是蒲守與其民色沮乃從公所畫界浚濠植栁以識之朝邑好博公患之犯者輒予杖又大署賭博字於版中其門而

横設之家人率俯躬出入族黨相戒曰骫髒男子何為狗竇中行也恥弗與通博徒自是絶迹辛未秦中飢公捐俸倡率伸士設粥廠於邑之四鎮日必徧涉每出乘馬中道行令吏兩行搜灌莽中遺嬰募乳婦以養殣死者市棺埋之流民鬻妻者贖之壬申復大飢經營如故户部尚書王公賫帑金賑秦至朝邑歎曰令誠循吏亦孝子也使州縣畢若是

朝廷何西顧憂乎踰年以痺病告歸乙亥九月十二日

上御便殿曰姚文然好官其子姚士塈亦好官冢宰能

公司馬索公宗伯張公皆對如

旨

上曰大阿哥癸酉祭西嶽回曾以姚士塾奏朕近安在

張公對曰患病回籍矣

上歎惜久之臥病四年而卒年四十八公初請告時

詔有招流民百户歸者授縣令公力疾為兩孤姪經紀之如例各得官而諸子弗及也歸後秦中人士先後數千里走問不絕

雅州公銳字藻如號退存內閣中書士堂公長子端恪家孫也有幹才仕鄞縣令均旗丁徭役民便之大嵩衛飢盡心賑卹存活甚衆再令蜀之梓橦巡撫年公奇其

才治獄戢盜諸大案必委之或召以自隨事輒理假攝
府州者再既授雅州知州清商税卹郵遞蜀中增新熟
田賦雖小邑不免惟雅州以公力持舊額卒於署州人
慟之卒後囊不遺一錢弟孔鏞知合州經紀之得歸
合州公孔鏞字祝如號西疇雅州公弟康熙中以貢生
選授河南羅山縣令羅患盜公夜出徼巡即所劫處飛
騎逐之中道悉縛羣盜聞之大懼遂息歲旱徒跣禱祈
仰天號泣輒得雨歲飢飯粥日夜經營督視百餘日民
以惠存者萬計丁憂歸再補湖廣保康縣擢四川合州
知州歷署牧令者六七所至裁陋規除苛政兄鋭卒於

雅州公負逾萬中丞年公以公攝其事鈎稽補劑再歲而清俸滿中丞恐其遷去預疏請以升銜留任備緩急用已得
旨報可而卒所仕士民奔哭者數月不絶著西疇集五卷先是公嘗以孝行
上聞欽旌孝子及卒乃祀之忠孝祠以子淮貴贈中憲大夫浙江杭州府知府

處州公鈴字卿如號梓嵐朝邑公子由附貢生知貴州湄潭縣苗民雜處素稱難治公開誠化導不事鞭朴治多山艱於溉田公教以竹製水車穿山架壑源流數十里

民便之留心學校暇輒集諸生講論經義以卓異薦擢
京府通判遷户部郎中外用浙江紹興府知府督治堤
工寒暑靡間捕盜緝梟豪姦歛跡吏民咸畏憚之調處
州府治事益勤卒於官身後惟書數卷敝衣一笥而已
著有葭齋詩集十卷
贛州公孔鐸字道冲號歸園父士黌七歲工詩太傅張
文端亟賞之二十八郡庠屢試不中雍正五年冬
詔中外舉品行才猷可備任使者即親戚子弟不避潼
闗道方公正瑗舉公明年三月引
見圓明園用者三十四人公發廣東以知縣試用初署

恩平縣撫流寓清獄訟姦吏畏之皆相引去十一月風聞匪民將刼庫為亂且有期公佯不問密修備具城西有村曰土瓜萌探有賊蹤親擒壯士往破獲之得賊渠李梅及黨與十數人誅之餘釋勿論省中聞警急發兵至則已定矣調番杜絶苞苴晝夜治事某公所任耳目吏私有所干公立予杖而白其事或危之公曰某公明察讒必不入既而果然邑有八命之獄歷五令三守不能決督府鄂公知公才親提至署囑公訊之凡三晝夜果得其情而讞定遷保昌護府篆地產毒草蔓延山澤間民俗輕生多死者公自為文齋禱於神越日天大雷

雨雹竟夜毒草皆自萎死田禾無恙踰年有騰爲災公
如前法禱之立應有以公賢能密聞者
特旨陞廣州理猺同知宣揚德化勸耕桑猺人悦服軍
民翕然擢知韶州府有煤山聽民開採額税外歲有羨
餘公請招商盡以羨額歸上粤中議開銅礦自惠韶二
郡始公親歷山谷取沙入鑪驗之計其工本得不足償
耳慮粤民易聚難散致爲亂階上議寢其事得
旨罷二郡便之翁源縣民控媳殺其子以子方力田腹
痛死牙齦臍間有中毒狀灶下得斷腸草謂子餌之死
必有姦謀草存縣庫公檢而訊之僉指通姦者婦袁兄

也公察其婦駭而貌寢問其夫餌草故不諱問姦事則呼冤公疑焉指毒草詰之婦曰此扁豆葉也取豆葉較之疑似未定詰婦之母母泣語其女曰長官仁厚胡弗言婦慚欲言且止恐之始曰是日以豆葉作糜粥待夫與叔不至婦暫就寢及叔食粥去夫覓婦於寢容止不戒即趨田遇暴雨遂疾公曰是矣陰症固有類中毒者語其父不信公曰毒草尚在雖枯猶能殺人否僉曰能又曰餌草後毒發何時僉曰不移時乃以草與婦婦躑躅食之自午至暮無恙其父乃惶恐請罪攜婦號痛而歸其虛心鞫獄類此以母老乞歸未幾母卒乾隆丙寅

服闋起知贛州府
上御勤政殿召見諭曰以汝忠厚誠實肯任事故特用
汝汝知治民之道乎愛百姓而不可姑息敬上司而不
可逢迎公頓首受
命至贛前守方被劾待理有欲案外文致者公力為辨
雪得免涖屬邑必減隨從省飲食躬行田野與農民相
慰勞重修郡城文廟及濂溪書院條列學規延名儒主
講戊辰郡米驟貴贛令出示減價牙儈遂閉糴會有言
無業貧民恐藉為亂者人情洶懼鎮道議發兵鎮之公
曰是激民也恐有它故力止之示諭各邑民間米價悉

聽諸民惟官米減價不數日隣郡米船銜尾而至一日三減其值七日而價平再以病乞歸晚歲家居尤以任卹鄉鄰爲急遇災則首倡捐粟以濟貧民又議永惠倉貯穀備荒歉平糶與同里薦紳合力成之自是倉恒有積穀者由公募賑之餘首建此策也乾隆丁丑卒年六十七

葭州公孔鍠字翰擢號次耕開化公文燮之孫右贊善士矗次子初仕直隸永平知縣以卓異擢知滄州地濱海初設旗兵駐防兵民多搆衅平情聽訟一無所袒多方化導人情帖服

聖祖軫念河工頻年南閱道經滄州公供應七次儲備
無缺事集民安以父憂去起服補陝西葭州知州時軍
興旁午送運至西藏嘗失道沙漠中行五日夜迷不知
所嚮雲際隱隱見幡幢遥望之而趨遂達大營人皆驚
異康熙丁酉大軍凱旋乃回任議敘軍功一等蔭一孫
入監讀書以積勞致疾卒性耿介所至有聲卒之日無
餘資殯幾不得歸祀滄州名宦祠
曹州公興滇字南召號介石葭州子也初官滎陽縣丞
以才能署尉氏縣嚴行保甲姦究遠遁雍正六年應
詔舉品行才猷可備任使者授山西太平知縣有史村

舊河淤墊力勸士民濬治溉田無算
上聞嘉之賜還百姓疏濬錢調臨汾兼攝洪洞縣西藏
用兵往來絡繹民間惶懼公親行周邑諭安之邑産騾
採買之檄月數下胥吏為姦公使民自登堂議值朝夕
貨易如常人以是騾爭赴之價益賤而民不擾乾隆元
年擢隰州知州仍
賜衣一襲八月擢知山東武定府創建書院振興文教
濱州有王四夏天增者以殺人論抵公疑其誣州牧堅
執之乃自訊察其情得誣服狀亟走白上官請釋之不
可密訪真凶獲之四與天增乃雪又督捕陽信巨盜八

合郡宴然里門夜啟巡撫異之令總理泰安四郡盜案
調知曹州府郡鄰河單濮時嬰水患相度疏濬賑卹災
黎民歌頌之七年兼攝兖州沛有巨盜姚黑聚黨踞微
山湖側官軍莫敢往捕公出不意親入其巢擒之餘黨
悉散十二年
車駕東巡顧問稱之次年坐所屬審案遲延謫戍軍台
公好讀史喜談經濟從父軍營數年往返運餉兼飼官
駝與奴隸同甘苦每執靮牽駝呈驗游牧進退如廁養
游牧皆稱其能而不知為州官子也一日宿水所水綠
色毒不可飲衆渴甚相顧愕然公啟笥出藥投之曰吾

辦此久矣在軍台雖苦役輒吟詠自樂著基城集
杭嘉湖公淮字思尹號書巢知合州孔鏞子雍正元年
揀選授雲南河西知縣舊有街稅市物買賣者歲以為
常徵公首革之且勒石示禁民間額賦不知科則官不
給印票村頭攬其事完一派十公刊給易知單然後民
知定額慮畸零虧折令納分票或錢民便之邑東南北
三境食琅井鹽獨西路例食黑井鹽路遠而價昂或通
融買食即指為私鹽閭閻苦之公請大府議改鹽法河
西民咸歌曰河之西食鹽苦誰救之民父母蒙自縣舊
礦廠運錫至剝隘歲用民牛費數千邑苦無牛民病之

公激切上言免其役礦廠稅缺公奉檄監稅始至商進陋規公卻之問歲費若何商曰例約五千公歎曰此稅之所以缺也盡革除之礦稅足額溢二千焉商為之頌曰清官管廠與衆懸殊礦旺稅足合浦還珠臨安府屬徵糧俱解折色獨河西本色累費且倍公力陳偏枯之困改為各屬輪運積困以蘇前令交代有民欠借穀七百餘石多疲困不可徵公集衆戶悉焚其券衆皆泣下新興州東山土目施國良佔民墳地陰疊假塚於民墓興訟州官令民遷葬民越境訴公破塚勘驗得其假狀治國良以法海金寺僧與巧憑顯要勢淫凶不法民患

其害歷任容隱公廉偵之僧方置鄰女於膝公怒執至痛杖而流之雍正四年保舉擢雅州知州西藏初平差徭馬咸取於民派累不已又按賦額科取夫價銀爲各屬補苴虧空公悉免之州糧額最重而兩川民田多隱匿會清查力請於上得如兩川例減輕於是賦增而民不困打箭爐土司堅參達結死妻喇章無子妾夭夭有子囊珠革木初二人當襲職喇章背議欲立其弟小金川子兩婦爭印將搆兵公馳往宣示威德卒定囊珠建昌土司作亂峨嵋令運糧調夫不應誤期檄公代運誤糧之員當斬公度大兵已出而糧夫未集斷難克期乃

出已資備牛酒馳至營中犒兵士皆感激各裹十日糧先行糧夫後至輓運濟之大糧遂備公仍歸功峨嵋令得免死督撫異之雍正七年雅州改府遂擢重慶府同知專理苗務盡革土司承應陋規酉陽土司冉光烜當襲循例餽金公卻而舉之邑梅酉陽兩土司之民爭界酉陽土司誣邑梅民楊應龍十七人謀叛淹禁十餘年不決瘐斃七人公雪其枉苗人感服八年署嘉定州民人歲額運米二千石至雅州立法變通費省而民稱便州與犍為縣鹽井犬牙相錯民人爭報稅多重科公履勘豁免者千餘井調署夔州府督撫交章薦擢浙

江嘉興府乾隆二年調杭州乾隆七年擢杭嘉湖道病
卒
黄沁公仲字春溪辰沅兄也初仕山東汶上縣袁口閘
官轉原武縣主簿調鉅野擢河南睢州判公從事河工
十餘年情形既悉又性勤敏每漫口指陳要工洞協事
理晝夜防築無不辦河帥以為有治民才咨署盧氏尉
氏暨鄰諸縣皆有政聲教匪起大軍征調旁午公應備
軍儲供頓無缺民間若不知有兵者委赴羅山縣防邊
又至湖北界老河口防江偵邏周密民以無恐在鄰縣
日鄰邑教匪且至公團練鄉勇籌供軍需四境安堵所

治李家集毗連魯山寶豐二界公方至集練勇巡防有
姬家莊匪民煽惑將乘間爲亂公會營掩捕平之睢汎
黄流暴漲河帥急檄公回任屢竣要工歷署山東德州
同知擢濟寧泉河通判調河南懷慶府黄沁通判總河
李公以缺緊要
奏改同知以公升任遂終焉
長沅公興潔字香南開化同知文燮曾孫祖士琜雲南
南寧知州父孔金江蘇泰州同知公幼穎悟長身鶴立
目有異光長而好學鄉試五薦不中慨然去之吴楚間
所至有聲譽乾隆六十年湖南苗作亂公單騎從軍經

略福公與語奇之以理問銜檄至鳳凰廳協贊同知傅
公鼐軍務廳駐鎮筸鎮爲辰沅要地公甫入苗兵突至
爲傅公謀畫登埤捍禦動中機宜圍解調隨大營馬足
所經形勢瞭如指掌將軍以下多所咨訪大功告捷授
浦市通判擢知茶陵州楚中沃壤也公以苗酋雖擒兩
頭洋及諸寨猶負固不下自請隨營督撫壯之陞調鳳
凰廳同知益銳意擊賊每督弁兵所嚮有功遂破兩頭
洋大寨上尚寨苗僞請撫公奮然往受傅公公時爲辰
沅道知其詐追止之不可及寨大雨苗人所伏火器皆
濕倉猝中散公直進搜擒其酋而歸寨遂下嘉慶九年

秋餘苗悉平公陳善後策首言屯田與傅公參論其利
條奏之委公經理屯事邊境大安十三年傅公由辰沅
道簡臬司公遂以知府銜擢署辰沅道講武務農威惠
並著苗漢兵民莫不感畏之公涉歷苗疆幾二十年深
習兵事謀議與傅公輒合以是相得苗事遂相與終始
十六年實授
特旨嘉之謂與傅鼐後先繼美時論以為榮二十四年
入覲將行疾卒苗民懷之哀動山谷裹糧赴省者數千
頂香羅跪撫署求建公祠撫軍以
聞許之傅公時亦先歿乃為祠并祀之曰傅姚二公祠

孟縣公肇修字蓬觀號自直雅州公長孫父興沄郡廩生公幼即能文入大興縣學生乾隆庚午舉人壬申會試後搜取遺卷選授昌黎縣教諭丙子改歸原籍丙戌大挑發河南補光山知縣植良鋤惡摘伏如神飛蝗入境虔禱於神步行赤日中督民捕治不旬日而盡禾竟無損甲午入闈同考再補汲縣大兵徵金川往來旁午公理臺站糗糧芻茭車馬無缺而民情安堵如不知兵歲飢捐賑較他邑獨加三月民咸德之彰德衛輝懷慶三府麥不收奉

旨借籽種公盡心撫恤民雖屢歉之後無一逃亡及攘

奪者衛河漫溢確查災戶賑濟胥吏不侵戶口無漏調
盂縣去士民焚香遮道直至境外盂縣倉儲麥石每歲
春借秋收向用板斗出入高下其手公改用制斛悉除
舊弊士民感之為立碑以誌未幾病歸
中丞公棻字香莛號鐵松先職方元孫父時以母病徒
步百里外禱神請代母愈而身病遂卒公尚襁褓家貧
甚母方夫人苦操撫之稍長不能從師口授章句公體
母意拾薪而讀一夕虎至蹲廡下氣咻咻然視之乃去
乾隆庚午舉順天鄉試辛巳會試二甲進士授甘肅靖
遠縣歲旱請賑措施秩然民沾實惠興修文廟義學教

民置水車灌田開金石峴以通行旅立興靖堡集以便
民貨調皋蘭縣平反疑獄署固原州獲巨盜馬得鼇及
其黨擢守安陸民好巫習符咒之術收其徒衆嚴治之
邪風一變移武昌豪猾斂跡督府吳公達善奏
旨偕公之貴州讞威寧州虧帑獄一時普安桐梓丹江
諸縣營大案迭起株牽輒數十百人公晝夜推鞫清理
無辜衆皆允服古州黨堆寨姦苗聚衆爲亂倉卒調兵
公以三百人馳搗賊寨平之回武昌吳公治江湖羣盜
甚嚴獲者立置諸法公慮衷詳鞫無枉者改施南府再
改漳州民好械鬬死則買人抵罪治之緩則玩法急則

拒捕公曰民不遽鬥必先定期及其未鬥而剖曲直可消患於事前既買人抵罪則猶知畏法果使買凶者無俾免亦可懲創於事後乃定以賞罰檄諸邑行之鬥風爲衰漳州案牘甲於全閩苦積壓公檄諸屬邑每公牘註承行吏名及到縣發房送案發行日期無可推諉由是官吏振作塵牘皆清中丞德公保請調公福州

上曰漳州一郡濱臨海疆民俗刁悍最爲難治其緊要數倍於福州朕素知姚棻能事特從湖北調任因地擇人豈可輕於更調不許辛丑擢汀漳龍道甲辰擢廣東按察使署藩篆粵東山海交錯産穀不敷民食海濱居

民往往於海中漲出沙地墾種名曰沙坦先是乾隆三十七年奉
旨飭各督撫瀕水地面不得與水爭利官吏僉謂瀕水地禁墾海中沙坦亦在禁例自禁後小民視爲官荒益生覬覦偷種搶割案牘日繁公曰例應禁者謂阻水道塞水口諸沙地耳不禁則與水爭利而水且爲民害今沙坦皆在江洋中不近海口與江河沙洲迥别與其禁之而陽奉陰違不如開之而給耒養欲檄守令詳勘地形得沙坦千餘頃申文督撫奏請得
旨允行粤民便之己酉遷江西布政使明年擢江西巡

撫
高宗純皇帝八旬萬壽至京祝
嘏數
召見從容諭曰所以命汝為江西巡撫以汝母老俾得
近地迎養耳豐城為章貢下游衆水滙注先有石堤四
百丈餘皆土堤時有衝害民田苦之公奏
聞增建石堤五十丈建昌界連閩省私鹽充斥犯法者
衆
上命公與總督長公麟鹽政全公德會議公議曰建昌
無官設鹽店水販認領行銷故多收責私販宜先設引

店又江閩接壤兩省人民多處一村者東鄰食賤西鄰
食貴錯處既難區分匪類往往藉端勒詐小民甚不便
宜定建昌鹽價與閩省同如此則店設而民無食遠之
鹽價減而民無食貴之虞矣奏上行之旋丁憂歸甲寅
起廣西巡撫乙卯調貴州再調雲南黔省軍興福公奉
旨留公駐貴州籌備軍需糧餉緩急得宜
上諭嘉之復調撫福建漳泉海溢害稼制府魁公請發
帑金於上游五府買米十萬運貯漳泉以備春糶
上以米數過多福州諸府恐食貴命公與魁公籌度或
於臺灣及江浙運米以濟公曰臺灣糧價未平已苦商

運之多豈堪加以官買定議上游五府實貯倉穀存二碾一可得米三萬産米州縣分買亦可三萬江西春前有停運閩米尚貯水次盡運又可五萬浙江臺灣海運皆有濡滯沉溺之虞請罷之閩海居民捕魚為生無賴者藉以通盜公嚴查灣甲獲匪民王安等五十餘人抵罪盜風歛戢閩中吏治久疲公檢院司積案三千有奇嚴督道府訊治之甫五月而結者十之六以病乞休辛酉卒於家年七十六著鐵松隨筆二卷蒙求草二卷別音正譌焚餘草各一卷讀易管窺官轍檢存各二卷居官要語訓子錄一卷公性至孝幼時母方夫人督之嚴

及貴猶不假顏色或施杖公怡然受之無所迕為本邑士子置鄉會試資田以給路費至今寒士賴之其他置墓田建支祠修族譜周族戚尤多義舉

南寧公義輪字丹海先薑塢公次子乾隆癸酉舉人初任山西曲沃知縣調洪洞縣推陞鑾儀衛經歷終廣西南寧府同知署知府事公性簡重為政一以仁恕所至有聲道府倚重之操守尤廉靜在曲沃日有兄弟分產者欲干公私餽萬金公卻之其人疑少更以黃金六百進公曰我為吏而清白不能信於人愧莫甚矣豈較多寡哉且兄弟天倫盍以餽官者讓骨肉可得友愛名而

訟亦平矣其人慚而退

澤亭公士蕃字耕莘邑廪生性淳樸長記誦家世業春秋江南稱專門公沈潛紬繹諸家傳說外多所發明里居講授生徒日進著有春秋指南三十卷嘗誡諸子曰循理安命節用讀書八字箴可終身佩也蓋自道其踐履云

惜抱公鼐字姬傳先贈朝議公第六孫乾隆庚午舉人癸未進士選庶常改兵部主事尋補禮部儀制司主事戊子為山東副考官還擢員外郎庚寅再為湖南副考官辛卯恩科會試同考改擢刑部廣東司郎中四庫館

啟選一時翰林宿學為纂修官諸城劉文正公大興朱竹君學士咸薦公以所守官入局金壇于文襄公雅重公欲一出其門竟不往書竣文正公以御史薦已記名矣未授而文正公薨公乃決意去遂乞養歸乾隆三十九年也先是館局之啟由大興朱竹君學士見翰林院貯永樂大典中多古書為世所未見告之于文襄奏請開局重修既而奉

旨搜求天下藏書畢出于是纂修者競尚新奇厭薄宋元以來儒者以為空疏掊擊訕笑之不遺餘力公往復辨論諸公雖無以難而莫能從也將歸大興翁覃溪學

士作敘送之且乞言公曰諸君皆欲讀人未見之書某則願讀人所常見書耳梁階平相國屬所親語公曰若出吾當特薦公婉辭之集中所為復張君書也公以為國家方盛時書籍之富遠軼前代而先儒洛閩以來義理之學尤為維持世道人心之大不可誣也顧學不博不可以述古言無文不足以行遠世之孤生徒抱俗儒講說舉漢唐以來傳註屏棄不觀斯固可厭陋而矯之者乃專以考訂訓詁制度為實學於身心性命之說則斥為空疏無據其文章之士又喜逞才氣放蕩禮法以講學為迂拙是皆不免于偏蔽思所以正之則必破門

户敦實踐倡明道義維持雅正乃著九經説以通義理考訂之郵撰古文辭類纂以盡古今文體之則選五七言詩以明振雅祛邪之旨嘉定錢獻之以考證名尤精小學公贈序曰孔子没而大道微漢儒承秦滅學之後始立專門各抱一經師弟傳受儕偶怨怒嫉妬不相通曉其于聖人之道猶築牆垣而塞門巷也久之通儒漸出貫穿群經左右證明擇其長説及其蔽也雜之以讖緯亂之以怪僻猥碎世又譏之蓋魏晋之間空虛之談興以清言為高以章句為塵垢放誕頹壞迄亡天下然世或愛其説辭不忍廢也自是南北乖分學術異尚五

百餘年唐一天下兼採南北之長定為義疏明示統貫而所取或是或非未有折衷宋之時真儒乃得聖人之旨群經畧有定說元明守之著為功令當明佚君亂政屢作士大夫維持綱紀明守節義使明久而後亡其宋儒論學之效哉且夫天地之運久則必變是故夏尚忠商尚質周尚文學者之變也有大儒操其本而齊其蔽則所尚也賢于其故否則不及其故自漢以來皆然矣明末至今日學者頗厭功令所載為習聞又惡陋儒不考古而蔽于近于是專求古人名物制度訓詁書數以博為量以闚隙攻難為功其甚者欲盡舍程朱而宗漢

之士枝之獵而去其根細之蒐而遺其鉅夫寧非敝歟又與魯賓之論文曰易曰吉人之辭寡夫內充而後發者其言理得而情當理得而情當千萬言不可廢猶之其寡矣氣充而靜者其聲閎而不蕩志章以檢者其耀而不浮邃而通者義理也雜以辨者典章名物凡天地之所有也閎閎乎聚之于錙銖夷懌以善虛志若嬰兒之柔若雞伏卵其專于一內候其節而時發焉夫天地之間莫非文也故文之至者通於造化之自然然而驟以幾乎合之則愈離今足下爲學之要在于涵養而已聲華榮利之事曾不得以奸乎其中而寬以期乎歲月

之久其必有以異乎今而達乎古也既還江南遼東朱公孝純為兩淮運使延公主講梅花書院久之總督書公延主鍾山書院自是揚州則梅花徽州則紫陽安慶則敬敷主講席者四十年所至士爭受業或越千里從學四方賢儁過先生所在必求見焉錢塘袁子才詞章盛一時晚居江寧公數與往還子才好毀宋儒公與之書曰儒者生程朱之後得程朱而明孔孟之旨程朱猶吾父師也然程朱言或有失吾豈必曲從之哉程朱亦豈不欲後人為論而正之哉正之可也正之而詆毀之訕笑之是詆毀父師也且其人生平不能為程朱之所

行而其意乃欲與程朱爭名安得不爲天之所惡乎公貌清而癯神采秀越風儀閒遠與人言終日不忤而不可以鄙私干自少及耄未嘗廢學雖宴處常靜坐終日無惰容有來問則竭意告之喜導人善汲引如恐不及以是人皆樂就而悅服雖學術異趣者亦忘爭焉南康謝蘊山方伯語人曰姚先生如醴泉芝草使人見之塵俗都盡青浦王蘭泉侍郎集海内人詩至公曰姬傳藹然孝弟踐履醇篤有儒者氣象禮恭親王薨遺教必得姚某爲家傳德化陳東浦方伯未卒前一歲屬公曰某死必得先生文以誌吾墓新城魯絜非以文章名江右

始學于閩中朱梅崖先生于當世文少所推許獨心折
先生以為不及乃渡江就訪使諸甥受業其為世推重
如此嘉慶十一年復主鍾山書院十五年鄉試與陽湖
趙甌北兵備重赴鹿鳴宴
詔加四品銜公年八十矣神明如五六十時行不撰杖
兵備年亦八十二觀者以為盛公在江寧久喜登攝山
嘗有卜居意未決二十年七月卒于鍾山書院年八十
五門人共治其喪生平所修四庫書廬州府志江寧府
志六安州志官書別刻外自著九經說十九卷三傳補
註三卷老子章義一卷莊子章義十卷惜抱軒文集十

六卷文後集十二卷詩集十卷法帖題跋一卷筆記十卷書錄四卷古文辭類纂四十八卷五七言今體詩鈔十六卷門人鏤版行世道光十年入祀鄉賢祠公主講數十年所從受學門弟子知名甚衆其尤著者上元管同宣城梅曾亮同邑方東樹劉開而前工部侍郎歙縣鮑桂星今禮部左侍郎新城陳用光安徽巡撫鄧廷楨最為顯達至私淑稱弟子者則宜興吳德旋華亭姚椿寶山毛嶽生同邑張聰咸皆以文學著述稱名其會試所得士則左都御史涪州周興岱通政使昆明錢灃檢討曲阜孔廣森最著

丹楓公文勳字集侯職方次子端恪之兄也少倜儻負
氣節能文章與兄文烈及端恪有江北三姚之目順治辛
卯拔貢以親老不仕為園亭日供遊讌以娛親意撫孤
姪士陞士至及孤甥方曾祜皆成立啟家塾課族人子
弟多以文藝名晚歲逍遥林壑神采飄然年八十二卒
祀鄉賢祠

静齋公士堅字庭若端恪第三子少聰穎讀書目數行
下能詩賦古文年十二作漢景帝論同里王大初見之
驚為良史才端恪亦器之勗以詩曰相期讀史惟今日
莫浪談詩在少年公益專精史學作歷代帝王世系攷

歷代年表每侍端恪問史事原委井然尤邃心明史綱
羅野乘最多歷遊秦晉燕趙楚豫之地時從田叟老卒
詢明末軼事考定敘斷詳慎有體時人方之孫甫唐書
性孝友端直好急人難被服寒素與人交謙不自勝少
時立邪淫戒作不可不可錄四卷勸世游金陵友人召
飲及門聞名妓在曰僧律隔壁聞釵釧聲為破戒可共
杯酒乎遂不入邑西掛車河為川廣楚滇孔道萬山奔
流百里交會行者至中橋常苦漂沒康熙甲寅乙卯間
逆藩作亂羽書相望冒險渡河死者十七八公慨然急
造小舟濟之隨募建石梁以永其利歲祲捐設粥廠病

施藥寒給絮不能嫁娶殯葬者皆力助之以為常美鬚善飲盡數斗不亂每談古今人物成敗山川奇勝聽者忘倦精九章算法六壬書占多奇中公早負大志未克用以明經貢于鄉未五十而卒邑人請于學使具題入祀鄉賢祠公晚好邵康節為人顏所居曰邵窩所著邵窩詩文集八卷明史藁未成散軼

敬齋公士瑩字佩若端恪次子丰儀俊逸文章瞻麗康熙己酉舉人內閣中書每撰

制勅閣下環觀歎絕入武功館纂修方畧有裁制總裁舉以為式從

車駕狩口外延次以小臣屢蒙顧問有紀行詩一卷為人孝弟子良無疾言遽色而介節嶷然不肯以門望干進四試禮部房薦者再竟不第卒祀鄉賢祠著有雲怡閣文四卷詩八卷

泳園公士藟字綏仲開化公次子少工詩文張文端謂其深醇和雅有劉子政曾子固遺風居母喪哀毀骨立飯食不入于口舉康熙戊辰進士授編修父老乞養終喪乃赴入直

內廷試常稱

旨以為姚士藟品行忠厚文學甚優

御賜書籍甚多數主湖廣直隸鄉試所拔多知名士終左贊善為人篤實謙冲敦本睦族鄉人頌之著有贍雲草南歸草餘齋詩集泳園文集行世

玉璿公士在字玉璿階州公長子七歲失母哀毀如成人隨父官蕭山縣多通畧階州去任公獨留浙三年經營補苴督撫知之咸稱其能尤工詩古文辭客遊京師王公爭致數奇不遇士林惜之

別峰公士陞字玉階階州次子九歲工詩兼多材藝年十四隨宦浙東中秋遊船簫鼓相近偶一弄箏四舟寂然與兄士至入京師詩文傾倒一時有二難之目康熙

癸酉舉順天鄉試卒年三十六人惜之所著空明閣詩集傳于世

湘門公士封字玉苟階州三子邑庠生幼爲張文端所器以女字之及長遍涉經史工詩文所歷秦豫閩浙唱和之作一時名士咸好之戊子鄉試主司奇其文已定前列榜發日以違式見落主司歎惜久之弟士陸邑庠生亦工詩文客京師日公卿倒屣多思善疾蚤卒

惺庵公虞初字姚墟作舟次子也幼承父訓退然自下研究群書博考傳註訓詁名物制度尤于宋五子書折衷有得著書十餘卷發揮理趣學者稱之曰惺庵先生

為文理宗濂洛氣襲歐曾晚歲詩境清幽尤能以古淡之筆寫綿邈之思仲弟孔鈗字素修亦工詩有入蜀滇遊二集紀其山川風物懷抱清曼音節悲壯相為激發讀者悲焉

虛堂公興泉字問樵邑增生能詩以落花一首著名人稱落花先生豐幹修髯儀容甚偉其詩以杜陵為宗與同邑張秋浯曾敔童二樹鈺最善遍遊燕齊楚蜀詩多雄渾高亮之作著有虛堂集一枕窩詩集雨中消夏錄諸書行世

三崧公孔鋹字範冶雍正癸丑進士翰林院編修國史

館纂修戊午順天鄉試同考詩才敏贍著有小安樂窩
詩文集行世
于巢公孔鋼字粱貢廩貢生雍正初保舉人才不就獨
居養志所著華林莊詩集
花龕公興槼字渭川乾隆甲午舉人山西平定州州判
受學于惜抱文辭豔發詩賦清新所作多為人傳誦著
有花龕集
問松公喬齡字錫九嘉慶辛酉拔貢本科舉人戊辰進
士辛未
殿試授內閣中書改湖南知縣甫至而卒自少即以制

藝著稱每試必冠其曹詩賦尤清麗可頌著有聽松閣
詩文集
函青公維藩字价人嘉慶丁卯舉人辛未進士授庶吉
士改山西石樓縣知縣惠愛士民有聲工詩文清深綿
麗頗似漁洋山人著有天放齋詩文集卒于官無子以
從兄子思贊爲後詩文藁多散佚其門人族弟瑩掇拾
之
汝茂公之蓮克齋孫也性沉靜不苟言笑閉户寡交遊
于書無所不讀學使者按部至皖公半日投七藝補郡
庠兄卒撫遺孤如己子祖遺絲粟擇善者予之授經弟

子多獲雋者遺以金皆不受流寇逼桐城公奉母避山中猶挾書以行外兄方孔昭為楚撫念公貧致金三千公謝曰貧者士之常何煩厚累故人乎歲旱鄰人侵田間水道公曰可灌若田甚善但旱久車薪杯水足乎其人感愧而止竊穀者伏舍旁出卒遇公公疾走不顧家人尤之公曰羞惡之心人所同有吾不忍見其忸怩也家故貧又狷介而戚友緩急必拮据濟之焚券甚多年四十八卒後數十年里中人猶懷之學者稱汝茂先生曰克齋之孫真理學也

蓬庵公孫枝字宜孫汝茂公子蚤孤事母鄭氏以孝聞

鄭暴卒不及白醫遂自失雖病不藥父名之蓮終身不食蓮寶爲族長繩族人以禮婚嫁逾時者輒語端恪分俸完之歲凶則科其有餘者令出粟食之嘗自貸米三十斛至鄭有喪不能舉周之以其半來春啖麥粥自如少工舉子業既讀其祖充齋語錄遂專心濂洛之學家居講授稱大師

作舟公士莊字稺恭蟄存公文鰲子事親以孝聞執喪哀毀不勝事無鉅細必洛稟於伯兄教弟竭誠以愛析爨日獨閉户泣一切勿問惟收藏圖書數卷而已文章駿偉詩學香山放翁有放山集二十卷愛西山之勝

舉家就隱多蒔花竹飲酒賦詩以耕讀終近數十里皆感其德而化之公歿即葬山之陽喬木森然至今相戒無敢伐者其遺澤及人如此